Klaus P. Fischer

GLAUBE AN DEN STETS GRÖSSEREN GOTT

Karl Rahner als Anreger

Impressum

GLAUBE AN DEN STETS GRÖSSEREN GOTT
Karl Rahler als Anreger

von © 2022, Klaus P. Fischer

Herausgeber: Hans-Jürgen Sträter

erweiterte Neuauflage vom 1. November 2021
Herstellung und Verlag: BoD – Books on Demand, Norderstedt
ISBN: 978-3-755714-67-5

Coverfoto: Karl Rahner, mit freundlicher Genehmigung von Pater Karl Neumann, Missionshaus St. Wendel

Der 1. Beitrag entstammt der im Adlerstein-Verlag 2016 erschienenen Schrift "Auf der Suche nach Glauben - Begegnungen mit Karl Rahner".
Der 2. Beitrag wurde in kürzerer Fassung sowohl in der eben genannten Kleinschrift wie auch im Jahrbuch 2017 der Evangelisch-Theologischen Fakultät der Universität Heidelberg veröffentlicht.
Der 3. Beitrag ist in erster Fassung im e-book der Initiative "Pro Pope Francis" von Halik-Zulehner zugänglich und wurde nochmals überarbeitet.
Der frühere Titel "Auf der Suche nach Glauben" wird nicht mehr aufgelegt.
Der 4. Beitrag wurde von Klaus P. Fischer im Oktober 2021 hinzugefügt.

VORWORT

Die nachfolgenden Beiträge, unabhängig voneinander entstanden, sind inhaltlich miteinander verbunden durch die Frage nach Gott.

Sie kann nie endgültig beantwortet sein, wie man es für die Untersuchung eines endlichen Gegenstandes erwarten könnte (was sich aber auch hier meistens als Täuschung herausstellt). Dem Thema *Gott* freilich hat man schon oft den Abschied gegeben, weil er im modernen und postmodernen Weltbild keinen ´Platz` mehr habe. Nicht wenigen Zeitgenossen jedoch widerfährt es unerwartet, dass der Lebenslauf Nachdenkliches, ja Unlösbares wie eine unbestellte Ware gratis mit liefert. Anlässlich solcher Erfahrungen kommt es immer wieder vor, dass man bei Christen Rede und Antwort erfragt über die Hoffnung, die sie "trotz allem" bewahren. Christen könnten dann jene, die den Mut dazu haben, einladen, mit ihnen in die Abgründe der Welt hinabzusteigen, um Gott zu entdecken als Alternative zum Nichts.

Der einst weltberühmte Theologe *Karl Rahner* († 1984) - "he has become a legend in his lifetime", kommentierte einmal ein amerikanischer Zeitgenosse seinen Namen - kannte die moderne Welt und ihre Menschen. Sein seelsorglicher Mut trieb ihn zeitlebens an, sich in äußerste Tiefen der Existenz vorzuwagen, um den Menschen nahe zu sein, ja ihnen tröstend zuzureden, wo der verzweifelte Sturz ins Nichts droht. Sein bohrendes Denken ließ nicht nach, bis er einen (zumindest vorläufigen) Ruhepunkt gefunden hatte oder aus seiner Glaubenserfahrung einen guten Rat von Mensch zu Mensch mitteilen konnte.

Karl Rahner war ein kühner Denker, der oft dort noch weiter fragte, wo andere aufgehört hatten. So vermittelte er Anstöße und öffnete neue Horizonte.

Die folgenden drei Aufsätze versuchen, Wege weiter zu gehen, die *Rahner* gebahnt hatte. Sie tun es in unterschiedlicher Weise.

Der erste Aufsatz resümiert Gedanken, die *Rahner* in mehreren Anläufen entwickelt hatte: welche Gründe kann ich mir und anderen anführen, weshalb ich an Gott glaube und Christ bin ...

Der zweite ist bemüht, die uralte Frage nach dem Leid im Menschenleben aufzugreifen, die Frage, die seit jeher gegen Gott, gegen Glauben an Gott angeführt wird. In den letzten Lebensjahren verfasste *Rahner* zur Frage *Gott und menschliches Leid* eine eigene Abhandlung, die aber wegen ihrer nur angedeuteten gedanklichen Voraussetzungen vielfach missverstanden wurde. Sie wird hier aufgenommen und auf ihre Voraussetzungen hin durchleuchtet.

Der dritte Beitrag schließlich nimmt ein Thema vor, das *Rahner* seit Ende des 2. Vatikanischen Konzils immer mehr beschäftigte: die Aufgabe eines *Strukturwandels* der Kirche nach innen und außen, der aus einer tiefen Erneuerung des Glaubens erwachsen sollte und müsste. Die Aktualität und Brisanz dieser Aufgabe muss heute, fast 50 Jahre nach Veröffentlichung von *Rahners* Votum, nicht groß erläutert werden. *Rahners* Einsichten treffen heute auf neue Konstellationen, Bedürfnisse, Begründungen und erweisen ihre Aktualität.

Diese deutlich zu machen ist Anliegen des dritten Aufsatzes.

Die Vorrede zeigt, dass *Karl Rahner* für die drei Beiträge in unterschiedlicher Weise Pate steht: als Lehrer, als geistlicher Begleiter, als Anreger und Ideengeber.

Die Verantwortung liegt jedoch allein beim Autor dieser Zeilen.

Wer weitergehende Aufschlüsse zu *Rahners* Denken sucht, sei verwiesen auf das gemeinsam mit *Siegfried Hübner* erstellte Werk GOTT ALS GEHEIMNIS DES MENSCHEN - *Annäherungen an Karl Rahner* (Wiesmoor 2015).

INHALT

Seite

I. *Wer oder was ist ein Christ ?*   7

II. *Leben und Leiden vor dem Geheimnis "Gott"*   12

III. *"Wandelt euch durch ein neues Denken!"*   31

IV. **VON TOD UND LEBEN -**
    aktuelle Probleme des Theodizee-Problems   59

Literaturverzeichnis   68

Zum Autor   70

Wer oder was ist ein Christ ?

Karl Rahner – und das ist für ihn charakteristisch – antwortet auf die Frage, was bzw wer ein Christ ist, nicht durch Verweis auf die Evangelien oder das Glaubensbekenntnis.

Rahner gibt Auskunft aus der Selbstbefragung: ich möchte ein Christ sein und betrachte mich – ein wenig zweifelnd – auch als solchen. Was entdecke ich da an mir, in mir, weshalb ich Christ sein möchte und zu sein hoffe? Was glaube ich denn beim Hören der christlichen Botschaft „gehört und verstanden zu haben"? *Rahner* antwortet also sehr persönlich durch ein Zeugnis, reflektiert aber dabei, wie es seine Methode ist, auch auf die Grundstrukturen des Menschseins, wie er sie an sich selbst, aber auch bei anderen erkennt. Rahner antwortet daher als Zeuge, erkundet dabei aber die „Bedingungen der Möglichkeit" des „Christ-*seins*".

Das war stets seine Stärke: das Bemühen, die Fragen des Glaubens vom Menschen selbst her neu anzuschauen und zu stellen, wie es der „Wende zum Subjekt" entspricht.

„Ich möchte ein Mensch sein, der frei ist und hoffen kann".[1] Das bedeute, sagt Rahner, dass er weiß und vollzieht: ich bin meiner *Freiheit* anvertraut. Sie will und soll ein Leben hindurch endgültig aus ihm machen, was ihm und ihr vorgegeben sei als Entwurf eines Menschen: „ein Mensch der Treue, der Liebe, der Verantwortung".

Eine solche Geschichte der Selbstbestimmung, davon ist Rahner überzeugt, ereigne sich durch alles Undurchsichtige, Fragwürdige, ratlos Machende, die unbestimmten Anläufe eines Lebens hindurch. Das geschichtliche Leben des Menschen zerrinne durch alles Einzelne, Banale, Mühselige hindurch nicht ins Leere, sondern steuere auf einen „absoluten Entscheidungspunkt" zu, wo ein Leben als Ganzes verantwortet wird.

Natürlich sei ihm bewusst, sagt Rahner, dass die Theoretiker der Philosophie und der Humanwissenschaften Begriffe wie Freiheit, Verantwortung, Liebe, Selbstlosigkeit usw. problematisieren. Auch ihm selbst seien diese Begriffe nicht einfach restlos klar und durchsichtig.

Doch wenn er sehe, wie jene Theoretiker versuchen, diese großen

---

1 „Ich glaube an Jesus Christus", in: *K.Rahner/K.H.Weger*, Was sollen wir noch glauben?, 188; *K. Rahner,* Warum bin ich heute ein Christ?, in: *ders.,* Wagnis des Christen, 27

Begriffe in Atome der Natur, des Psychischen, des Animalischen, des Chemischen usw aufzulösen, erinnere er sich, dass solche Auflösungsversuche ja ebenfalls von Subjekten vorgenommen werden, die dazu ihre Freiheit gebrauchen und dafür Verantwortung übernehmen müssen. Dies vor Augen, erschienen ihm „solche Destruktionsversuche falsch" (Wagnis 28). Auch der krasse Materialist setze seinem Leben Ziele und Ideale – und eben dafür setzt er seine Freiheit ein und seine Verantwortung (Ich glaube, 188).

Das heißt für Rahner: ich nehme mich an mit all den Bedingtheiten und Zufälligkeiten meiner biologischen und geschichtlichen Existenz, auch wenn ich das Recht habe, daran etwas zu ändern, wo es möglich ist. Doch insgesamt ist dieses mein Dasein undurchsichtig, lastend, befristet, gefüllt auch mit Schmerzen. Ich nehme dieses Dasein an in Hoffnung, dass das Unbegreifliche darin und daran „sich einmal enthüllen wird in seinem letzten Sinn" und in Seligkeit münden wird. Diese hoffende Selbstannahme mit den Unbegreiflichkeiten des Lebens „wird auch mitgetragen durch alles" (wenigstens partiell) Sinnhafte, Freudige, durch „erfahrene Liebe und Treue", darin doch ein unbedingter Anspruch erfahrbar wird. Damit aber, so Rahner, stoße ich auf „Gott".

Er wisse, dass „Gott" für den müden Skeptiker und für von der Kirche Enttäuschte ein bitteres und jedenfalls zu großes Wort ist. Er gebrauche dieses Wort hier auch nur – und wisse kein besseres –, um jenen „letzten Grund" oder Sinn-Grund seiner Hoffnung in der Selbstannahme zu benennen. Wenn man mir sagt und ich es glaube, Gott sei bloß eine Projektion meiner Psyche ins Leere hinein, würde ja meine Selbstannahme und mein Ja zum Leben grund-los, also hinfällig. Aber ich spüre und weiß doch, dass meine wurzelhafte Hoffnung und mein Ja zum Leben stärker sind als Zweifel und dass ich den Sinn-Grund meines Ja zum Dasein gar nicht wegschaffen kann.

„Dieser Gott [wohlgemerkt als Name für den Sinn-Grund meines Lebens] ist aber in einem das unbegreifliche Geheimnis" (Wagnis 29). Für Rahner ist diese Gleichung grundlegend. Denn dieser „Gott" genannte Sinn-Grund ist über alles Angebbare, Erfassbare hinaus, weil alle anderen Gründe, die ich haben und in das Kalkül meines Lebens einsetzen kann, vorläufig sind, überholbar, durch andere und anderes mit bestimmt und bedroht.

Wenn mir aber klar wird: alle Gründe, die ich als Posten, Guthaben, Ziele usw in meine Lebens-planung einsetzen kann, sind nicht unerschütterlich, sind überholbar, trotz zeitweiliger Verlässlichkeit und Festigkeit im Wesen hinfällig, komme ich darauf – so Rahner –, dass der letzte und tiefste Akt meines Lebens – die durch alle Widrigkeiten hindurch getragene Selbstannahme, das Ja zum Leben – „ein Akt des Sich-los-Lassens in das unbegreifliche Geheimnis hinein" ist (Wagnis 30).

Für manche mag das sehr negativ klingen – so, als würde jemand mit Worten verschleiern, dass der letzte Akt ein Sich-los-Lassen ins Leere, ins Nichts hinein ist. Das mag sich im Leben zuweilen so anfühlen, wenn alle Sicherheiten zerfallen oder sich auflösen und man nicht weiß, wie es weitergeht, ja ob es überhaupt weitergeht.

Als seine Frau starb, dichtete der alt gewordene *Theodor Storm*:
Dort in der Ferne seh` ich den Abgrund;
Darin das Nichts. –
Storm beneidete seinen Kollegen *Eduard Mörike*, den evangelischen Pfarrer und Dichter, um seinen Glauben.

Doch Rahner betont: Es kann nicht das Nichts sein, auf das ich vor-greife, auf das hin ich mich loslasse, wenn alles Greifbare zerrinnt. Denn das Nichts vermag nichts – es kann meine eigene verzweifelte Leere nicht wieder auffüllen mit Lebensmut, Hoffnung und Selbstan-nahme in der bitteren Situation. Es muss sich um den positiven Sinn- und Lebensgrund handeln, den Rahner mit „Gott" umschreibt.

Darin erblickt er den jedem Menschen zugemuteten und zugäng-lichen Grundakt des Christentums: „die Annahme des unbegreif-lichen Geheimnisses, das wir Gott nennen".[2] Der Christ hat also keine – womöglich anderen Religionen überlegene - „Erklärung" der Welt und des Lebens. Sein Gott ist nicht durchschaubar, sein Walten nicht buchstabierbar, der Glaube nicht lernbar wie eine Grammatik oder wie das Autofahren. Der Christ weiß sich angeredet und ermutigt, sich loszulassen und sich schweigend, betend und singend dem unbegreiflichen Geheimnis anzuvertrauen.

Der Christ, der immer wieder erfährt, dass sein Grundvertrauen getragen und von Fall zu Fall erneuert wird von dem Urgrund selbst, den er Gott nennt, spricht hier von „Gnade" und „Heiligem Geist" und erfährt seine innerste Bewegung auf den geheimnisvollen Gott hin als Glaube, Hoffnung und Liebe (Wagnis 30). Er billigt diese tief

---

2 *K. Rahner*, Christlicher Humanismus, in: *ders.*, Zur Theologie der Zukunft, 139

innere Bewegung auf Gott hin „jedem Menschen zu, der dem Spruch seines Gewissens treu ist" (ebd).

In diesem Zusammenhang kreierte Rahner zeitweise den Ausdruck „anonyme Christen", „namenlose Christen", um jene Menschen zu kennzeichnen, die sich in dieser Grundbewegung auf Gott hin befinden, ohne diesen Namen zu verwenden oder sich einer Kirche zuzurechnen. Etliche andere Theologen lehnten diesen Begriff ab (zB *Balthasar, Küng*). Rahner verteidigte gegen die Kritiker aber stets – nicht den Ausdruck, wohl aber – den Sachverhalt. Er sah darin natürlich keinen Heils-Automatismus, keine Gewähr für Nicht-Gläubige wie auch nicht für die Christen selbst. Vielmehr warnte er auch die Christen, sie könnten dieses Sich-los.Lassen an den unbegreiflichen Gott auch verlernen, verlieren und in Hoffnungslosigkeit und bitterem Aufruhr enden, erstarren (ebd 30f).

Alles das, so Rahner, „hat nun aber für mich, den Christen, eine geheimnisvolle Synthese gefunden mit der Begegnung mit Jesus von Nazaret, eine Synthese, in der diese Urhoffnung und die Erfahrung Jesu [d.h. mit Jesus] in einem letztlich nicht auflösbaren Zirkel sich gegenseitig tragen und rechtfertigen vor dem intellektuellen Gewissen", wozu nach Rahner auch die „Demut" gehört. Doch als wen erkennt ihn, Jesus, der Christ?

„Da ist ein Mensch, der liebt, der getreu ist bis in den Tod, bei dem das ganze Menschsein, das Leben, das Reden, das Handeln offen ist auf das Geheimnis hin, das er seinen Vater nennt, dem er sich auch dann noch vertrauend übergibt, wenn alles scheitert. Für ihn ist der unauslotbare finstere Abgrund seines Lebens die bergende Hand des Vaters. Und so hält er an der Liebe zu den Menschen auch noch fest ..., wo alles im Tod unterzugehen scheint. Er war dabei überzeugt, dass mit ihm, seinem Wort und seiner Person die Nähe des ´Reiches Gottes` gegeben sei, d.h. dass Gott selbst ... sich unmittelbar in Liebe und Vergebung siegreich dem Menschen zusage und dadurch eine neue und unüberholbar radikale Entscheidungssituation für den Menschen gegeben sei, der diese Botschaft hört". Seine vor dem Kreuz flüchtigen Jünger aber fanden sich wieder in der Erfahrung, die wie ein Schock und gleichzeitig Geschenk auf sie wirkte, „dass dieses Leben nicht untergegangen ist, dass der Tod in Wahrheit sein Sieg ist", dass er vom Geheimnis Gottes angenommen und geborgen ist (ebd 32).

Die Erfahrung „der Gekreuzigte lebt" – undenkbar im Erwartungs-
horizont der Zeitgenossen – kann nur als freudiger Schock begriffen
werden, der gegen die sich anbahnende Verzweiflung als
unverhoffte Erfüllung des Grundvertrauens in einen letzten Sinn des
Daseins die Jünger im Tiefsten erschütterte und neu ins Leben
brachte. Wer die Osterbotschaft hört, wem sie in die Glieder fährt,
wer sie dennoch skeptisch bezweifelt, wird *nolens volens* auch im
eigenen Grundvertrauen erschüttert und geschwächt. Wer sie annimmt, nimmt an Jesus wahr: „hier ist das Menschsein endgültig
selig geglückt und die skeptische Frage nach dem Menschen in
seiner Vergeblichkeit und seinem Schuldigsein überholt". Dann ist
„ER *die* Frage und *die* Antwort in einem, die im Leben des
Menschen gegeben ist" (ebd 33). Rahner fasst zusammen: „Kreuz
und Auferstehung Jesu bedeutet, dass eben dieses Loslassen und
Nicht-Fallen durch Gottes Tat an Jesus exemplarisch geschehen ist
und auch uns diese Möglichkeit (auch die des Loslassen-Könnens,
das die schwerste Aufgabe unseres Lebens ist) unwiderruflich
zugesagt ist" (ebd 34).
Ein Letztes: Wenn Jesu Auferstehung die von Gott her siegreiche
Selbstzusage des Geheimnisses ist, dass sie nämlich unser Leben
ist und will, dann gehört zu ihr, dass Jesus „*auch* in den Glauben an
seine ewige Gültigkeit" auferstand. „Darum gibt es die Gemeinde
von Menschen, die an ihn als den Gekreuzigten und Auferstandenen
glauben … Man nennt diese Gemeinde Kirche", weil der Glaube an
Jesus ja nur durch Bezeugung weitergegeben werden kann und weil
die an Jesus Glaubenden von ihm zueinander geführt werden, also
gar nicht religiöse Individualisten sein können (ebd 35).

II. LEBEN UND LEIDEN VOR DEM GEHEIMNIS "GOTT"

Eine Frage ohne Antwort ?

Romano Guardini wurde in den letzten Jahren seines Lebens neben allerlei Altersleiden von neuralgischen Schmerzen gequält. Dem Besucher *Walter Dirks* vertraute er an, er werde sich bei Gottes Gericht nicht nur fragen lassen, sondern auch selber Fragen vorbringen, die weder Bibel noch Theologie ihm habe beantworten können: „Warum, Gott, zum Heil die fürchterlichen Umwege, das Leid der Unschuldigen, die Schuld?"

Karl Rahner nimmt *Guardinis* Frage auf und vereinfacht sie: „Warum lässt uns Gott leiden?"

Theologische Unterscheidungen, wie die zwischen Leid, das Gott bewirke, und Leid, das Gott nur zulasse, oder die zwischen unverschuldetem und selbstverschuldetem Leid stillen die *Not* dieser Frage nicht. Nach biblischem Glauben ist Gott ja „von aller Wirklichkeit Grund und Ursache".[3]

Als Phänomen der Lebensrealität begegnet Leid in vielen Gestalten. Schablonenhafte Erklärungen, die Ursache, Grund, Sinn und Zweck erwägen – Evolution, Ur-Schuld, Prüfung, Strafe, Reifung,, Kompensation (Himmel) –, befriedigen weder Verstand noch Gefühl von Betroffenen (1980, 454-462). Der evangelische Theologe *Wilfried Härle* betont treffend: im Leiden vermisst das *Gefühl* den Beistand Gottes am intensivsten **(S. 452f)**. Schon früher klagte *J.B. Metz* über die „Apathie" vieler Theologen bei Fragen nach irdischem Leid.

Für *Rahner* sind Leid und „Übel" Erfahrungen, wo der Mensch an das *Unverfügbare* stößt.

Man könne solche Erfahrungen *sinnlos* nennen, daraus (wie *Georg Büchner, Albert Camus* und andere) auf die Absurdität der Welt schließen. Oder man könne Leid – *die Begegnung mit dem Unverfügbaren* – als eine jener Situationen sehen, wo der Mensch vor den „unbegreiflichen Gott in seiner Freiheit" gerät: Gott als „unverfügbares Geheimnis". „Die Unbegreiflichkeit des Leides", so erklärt *Rahner*, sei nämlich "ein Stück der Unbegreiflichkeit Gottes".

Diese Auskunft enttäuscht viele. Diese Art Antwort auf das Warum des Leides klingt wie ein formalistisches Versteckspiel.

---

3   *Rahner* (1980) 450f.458f

Doch die Enttäuschten verfehlen *Rahners* Ansatz: Wenn *im Leid* eines Menschen wirklich der unbegreifliche *Gott* "in seinem Wesen und in seiner Freiheit" präsent ist, lässt sich eine Antwort auf das Warum dieses Leides von einem *endlichen* (irdischen) Erkenntnis-Grund aus nicht gewinnen.

Ist das ein Eingeständnis, dass die Theologie am Ende ist und Menschen-Leid keine verständliche Erklärung hat noch haben *kann*? Heißt das, Leid ist sinnlos? Ist dann die Welt, in der Leid grassiert, ist dann das Leben nicht ebenso sinnlos?

Doch *Rahners* Ansatz will anregen, Leid als Teil oder Aspekt der *Gottes-Begegnung* zu sehen und als Chance der *Gottes-Beziehung* zu behandeln.

Um dies zu sehen, bedarf es grundsätzlicher Überlegung zur Anthropologie.

1. *Grundkurs Anthropologie*: Ich - Du - Ihr

Jeder Mensch, der fragt und urteilt, tut es als *Subjekt*. Ein Subjekt ist „ich-zentriert". In der Entwicklung der Lebewesen ereignet sich - wie *Max Scheler* einmal bildhaft formuliert - ein fortschreitendes Sich-Zurück-Beugen des Lebens auf sich, bis es seiner inne wird, bis es seine Mitte, sein Zentrum in sich "selbst" findet. So entsteht die *Person* als Ich-Zentrum oder Subjekt.[4]

So fundamental Ich-Zentriertheit für die *Person* ist, weil sie nun Mitmenschen, Dinge, Welt-Erfahrungen auf sich bezieht und von sich her einschätzt, so wesentlich ist auch die hier inkludierte Grenze: der Ausgang vom Ich-Zentrum nimmt und deutet alles, was der Person begegnet und widerfährt, *egozentrisch*, ich-zentriert.

Das gilt auch für Leid-Erfahrungen: "Warum leide ich? Das ist der Fels des Atheismus. Das leiseste Zucken des Schmerzes, und rege es sich nur in einem Atom, macht einen Riss in der Schöpfung von oben bis unten".[5]

So fragend hält der leidende Mensch die Tür nach draußen verschlossen. Er empfindet Leiden, etwa Krankheit, Behinderung oder Niederlagen, als *Kränkung*: Leidend ruht er nicht mehr in sich, ist nicht mehr recht *bei sich*; Leid behindert sein Verfügen-Können über sich selbst. Eben darum wird er mit dem Leid "nicht fertig".

---

4 *Scheler*, 34ff
5 *G. Büchner*, Dantons Tod - 3. Aufzug, 1. Szene

Wer Leid erfährt, gerät in einem sein ganzes Wesen erfassenden Sinn *außer-sich*, erfährt sich bedrohlich *aus sich heraus* gezogen, ja heraus gerissen. Leid hält das gewohnte Ankommen bei sich selber *schmerzlich* auf und offen. Heraus-gezogen-werden aus *sich selbst* ist schmerzhaft, ähnlich einem überdehnten Herzmuskel.

Nun ist aber der Mensch mit seiner ich-zentrierten Konstitution überhaupt noch kein Mensch im Vollsinn. Er ist - als Gesunder - zwar bei sich, aber noch nicht bei dem und den *Anderen*. Um bei dem und den Anderen zu sein, bei ihnen anzukommen, muss er, wie man treffend sagt, *aus sich herausgehen*. So unverzichtbar das personale In-sich-Stehen ist - *ganz* ist ein Mensch erst, wo er - er selbst - bei dem Anderen und den Anderen ist. Das erfordert aber ein Stück Loskommen von sich selber. Die anderen sind ja nicht bloß nützlich, sie sind eigenständig, eigenwertig, erwarten Interesse für sie selbst, Achtung (im Sinne der Goldenen Regel), Zutrauen, sogar Liebe.

"Wer liebt, geht immerfort in die Freiheit hinüber; in die Freiheit von seiner eigentlichen Fessel, nämlich seiner selbst".[6]

Wer liebt, kann sogar bereit sein, *Leiden* auf sich zu nehmen, um anderen Leben zu geben, sie zu fördern oder ihnen Leid zu ersparen. Hier, wo das Motiv des Nützlichen oft weit überstiegen wird, verschenken Menschen sich selbst, ja übersteigen sich selbst ins *Unbegreifliche* hinein.

Die *Beziehung* also, Beziehung zum mitmenschlichen *Du* und zu *Ihr* fordert, statt nur in sich zu stehen, ein *Aus-sich-heraus-Stehen,* eine *Ek-stase* hin zu anderem als man selbst: ein tastendes Fußfassen in einem anderen, tieferen *Grund* als der Grund, in dem ich *bei mir* gründe.

Zunächst sucht ein aus sich herausgehendes Ich *Stand* bei dem und den Anderen. Es gewinnt Stand in deren Interesse, Akzeptanz, Gemeinschaft. In-sich-stehend gewinnt so das Ich *zugleich* Stand in *dem* und in *den* Anderen. Doch macht jede Person die Erfahrung: gewollt oder ungewollt lässt das Du, lassen die Anderen sie "stehen", lassen sie bei ihr allein stehen, wenn es "kritisch" wird. "Ins Fett schließen sie ihr Herz ein" (Ps 17,10). Sie machen klar, dass das Ich beim Du, bei den Anderen noch nicht 'zuhause` ist, noch keine Heimat hat.

6   *Guardini* (1950), 98

So sucht das Ich in neuen Schritten aus sich heraus endgültigen Stand in und bei noch Anderen und erfährt, dass sie alle nur vorläufig Stand gewähren können und wollen. Der suchende Mensch ersehnt Rettung vor jenen anderen, "die im Leben schon alles haben" (Ps 17,14). So führt die Suche nach dem "Ganz Anderen" zu einem letzten, Halt gebenden Grund.
Er wird seit alters her mit dem Wort "Gott" benannt.

2. Leid und das begründete Vertrauen

Für die Gläubigen ist Gott "das schlechthinnige Du des Menschen". Als Schöpfer schafft er nämlich die Dinge durch Befehl, die Menschen jedoch durch "seinen Anruf".[7]
Die vorausgegangenen Erwägungen legen nahe: auch die *Glaubens*-Beziehung zu Gott, dem Unbegreiflichen, ist wesentlich *ek-statisch*: ein *Sich*-Verlassen auf Ihn und Sein Wort: "Du bist für mich Zuflucht und Burg" (Ps 91,2). Und die Zusage: "Weil er an mir hängt, will ich ihn retten ...Ich bin bei ihm in der Not" (Ps 91,14f).
Rahners Anregung hinsichtlich Leid-Erfahrungen geht nun dahin, Leid, das einem widerfährt – und das man erfährt als unerwartetes, ungewolltes, ängstigendes Enthoben-werden aus dem Ego-Kern –, in die "Ekstase" des Glaubens, in das Sich-Verlassen auf Gott zu integrieren, es gleichsam als *Kairos,* als Chance und Ernstfall der persönlichen Gott-Beziehung zu erkennen.
Das gelingt erfahrungsgemäß aber nur jemandem, der oder die sich in der *Trauens-* (Glaubens-) Beziehung über allgemein theoretisierendes Begreifen-Wollen hinaus gewagt hat; sich von sich abstoßend sich in Gott als *bergendes* Geheimnis hinein fallen lässt.
Für dieses Sich-Fallenlassen in das Gott-Geheimnis wird Leid kein theoretisches Problem von Theodizee mehr, sondern Aspekt, Moment, Fügung *innerhalb* der *eigenen* Gottes-*Beziehung. Auf diesem Weg* suche ich keine theoretische Problem-Lösung, „wie sonst das Erkannte angeeignet wird", sondern „übereigne" oder „verliere" mich trauend und „liebend" in Gottes Unbegreiflichkeit, da ich weiß und glaubend akzeptiere, dass im Vollzug unserer Existenz

---

7 *Guardini* a.a.O, 113

die Annahme unerklärlichen Leides und die Annahme des unverfügbaren Gott-Geheimnisses nicht zwei Akte, sondern *ein einziger*
Vorgang sind.[8].

Aber wird hier Gott und die Beziehung zu Gott nicht zu selbstverständlich vorausgesetzt? Ist sie nicht bloß gedanklich, nur theoretisch, womöglich rein fiktiv? Oder hat es der Mensch etwa vor
ausdrücklichem Glauben schon durch seine elementare Konstitution
mit Gott zu tun?

Rahner setzt hier eine Einsicht voraus und wendet sie an, die er im
religionsphilosophischen Werk „Hörer des Wortes" theoretisch begründet: der Mensch kann nur sein und sich entfalten, wenn er sich
hineingibt in vertrauend-liebenden *Nach*-Vollzug seines Geschöpf-
Seins, in den *Nach*-Vollzug der freien, liebenden Setzung seiner
selbst durch das unverfügbare Geheimnis Gottes.

Umgekehrt gilt: ein Verstand, der etwas Endlich-Begrenztes wie sein
seelisches oder körperliches Leid ohne die Liebe, d.h., ohne
trauend-liebende Selbst-Übereignung an Gottes Geheimnis fassen
will, „(verwandelt) sich in Finsternis", die er, kapitulierend, als
„absolute Unbegreiflichkeit" (Absurdität) stehen lassen muss.[9]

In vertrauend-liebender Kapitulation in das Gott-Geheimnis hinein
aber wirkt „die Liebe als die Leuchte der Erkenntnis des Endlichen"
(ebd), also der Existenz und ihrer Widerfahrnisse.

Warum ist das so? Immer wenn ein Mensch denkend, redend,
handelnd tätig wird, übernimmt und vollzieht er sich selbst, bejaht
sich selbst, und zwar *unbedingt,* und ist doch ein *nicht-notwendiges,*
ein bedingtes, *kontingentes* Wesen. Die ungelösten Menschheits-
fragen *Woher komme ich? Wer bin ich? Wohin gehe ich? Wozu lebe*
ich? Warum leide ich? machen ihm von Zeit zu Zeit die Nicht-
Notwendigkeit und Fraglichkeit seines wie selbstverständlichen
Lebensvollzugs bewusst. Denn essend, trinkend, arbeitend usw.
bejaht und vollzieht er sein Dasein, hält aber erschreckt immer
wieder inne vor Warum-Fragen und Wohin-Fragen, registriert das
Nicht-Selbstverständliche seines Daseins. Nachdenkend wird ihm
bewusst: *in der Wurzel* ist das Menschenleben, ist menschliche
Existenz auferlegter und aufgegebener Nach-Vollzug einer fremden
Gabe - seines Daseins und Lebens.

Das meint: In jedem Lebensakt vollzieht jeder Mensch notwendig
(absolut) sein nicht-notwendiges Dasein, weil eine absolute Macht

---

8   *Rahner* (1980), 462ff
9   *Rahner* (1963), 124

(Gott) des Menschen nicht-notwendiges Dasein *frei* gesetzt hat, es aber absolut bejaht und will.

Das beinhaltet: jeder Mensch, sobald er lebt, denkt und strebt, findet sich gestellt vor ein undurchdringliches Geheimnis. Er steht vor der *Transzendenz* und ragt existierend selbst in den Raum der Transzendenz. Jeder Schritt, den er tut, führt ihn auf das Geheimnis zu. Ihm ist zugemutet, dieses Geheimnis vor und über ihm auszuhalten, sich ihm zu stellen. Es ist dem Menschen auch natürlich, das Geheimnis, das über ihm steht und dem er sich verdankt, zu entschlüsseln zu suchen.

Er kann sich ihm auch verweigern - durch Selbst-Entzug in eines der Schlupflöcher der Angst und Verzweiflung (wie *Sören Kierkegaard* sie in der Schrift "Die Krankheit zum Tode" beredt aufzeichnet). Wenn er sich selbst das Leben nimmt, tut er es nicht, weil er keine Antwort erhielt, sondern weil er eine vorläufige - aber für endgültig gehaltene - Antwort fand, die ihm unerträglich und zukunftslos erscheint und er kein Vertrauen setzt in die Macht, die ihn ins Leben setzte.[10]

Wer sein Leben übernimmt und die täglichen Schritte geht, handelt so, weil diese Schritte, weil sein Handeln ihr kleines Licht geben und vorläufigen Sinn stiften. Und handelnd, unternehmend kommt ein Mensch Schritt um Schritt zu sich, wird jeweils mehr ´er selbst`.

Auch für Gott als Schöpfer gilt analog: in seinem Handeln, im schöpferischen Handeln vollzieht und erfüllt er *sein eigenes Wesen*.

Eben darum sind Warum-Fragen an Gott nicht zu beantworten aus Mitteln des nicht-notwendigen, vergänglichen Daseins und seiner Welt, sondern nur aus der Kompetenz der freien Macht, die das menschliche Dasein setzt und, es bejahend, im Sein hält.[11]

---

10 Diese Feststellung ist *ontologisch*, nicht moralisch. Suizid-Handlungen erwachsen häufig aus Situationen, wo die individuelle Freiheit pathologisch verengt, zurückgedrängt erscheint (vor-suizidales Syndrom).

11 *Rahner*, Hörer des Wortes, 8.Kap. Der freie Hörende; *ders.*, Der Mensch als der Verfügte: Grundkurs, 52f. Die Komplexität der theol. Anthropologie *Rahners*, wie wir sie betonen, kommt m.E. in der jüngsten Darstellung "K. Rahners Theologie der Freiheit" von *J. Herzgsell* nicht voll zur Geltung.

3. Glaube ohne Bekenntnis

Hier tut eine *Anmerkung* Not.

Es gibt Menschen, die ihre Abhängigkeit von einer höheren Macht spüren, denen es aber widerstrebt, sie näher zu benennen, sie zu identifizieren mit dem Gott der verschiedenen bekannten Religionen und Konfessionen. Nachdrücklich vertritt deren Position der Philosoph *Karl Jaspers*.

Als Ausgangspunkt zitiert *Jaspers* den Haupt-Satz von *Sören Kierkegaard*: "der Mensch ist das Selbst, das sich zu sich selbst verhält und darin sich auf die Macht bezogen weiß, die es gesetzt hat".

Menschliche Existenz sei daher "Sein-können vor der Transzendenz". Sie sei "Sich-geschenkt-werden ... nicht aus dem Nichts, sondern vor der Transzendenz". Unsere Erkenntnis erfasse die Welt ihr gegenüber als bodenlos. Doch gerade so würden Menschen frei für sich selbst, frei zugleich auch "in Bezug auf Transzendenz". Die auf Transzendenz weisenden religiösen Zeichen und Symbole nennt *Jaspers* "Chiffren". Sie bezeugen für ihn keine Erkenntnis, sondern "leuchten in den Grund der Dinge", sind "Vision und Deutung", entziehen sich allgemeiner Erfahrung und Verifikation. In ihren geschichtlichen Gestalten - Mythen, Glaubensbekenntnisse - hätten Menschen "die Wahrheit der Wirklichkeit erblickt". Doch der moderne Mensch durchschaue sie als "täuschende Realität zugunsten der vieldeutigen Sprache der Chiffren". Man könne diese "geschichtlichen Chiffren" heute nur "in der Schwebe halten, den Inhalt weder als Realität noch als zwingendes Wissen behandeln", vielmehr als "Bilder" oder "Leitfäden im existentiellen Augenblick". Jeder Mensch wisse sich ja "geschenkt aus anderem Ursprung: im Lieben-können, in der Vernunft, in einem unbegründbaren Vertrauen".[12]

4. Die "Annahme seiner selbst" und das innere Licht

Glaubende erwerben die Fähigkeit, die vorausgehenden grundsätzlichen Überlegungen zu erweitern: Wenn Gott einen sterblichen Menschen schafft, *bejaht* er dieses Geschöpf seines freien Willens. Dass Gott sein Geschöpf bejaht, besagt nichts anderes als dass er es *liebt*. Daher spricht der Weisheitslehrer in Salomons Gebet: "Du liebst alles, was ist, und verabscheust nichts von allem, was du

12 Resümee nach *Jaspers*, Der philosophische Glaube angesichts der Offenbarung.

18

gemacht hast; hättest du etwas gehasst, du hättest es nicht geschaffen" (Wsh 11,24).

Des Schöpfers Liebe zeigt sich *im Leben* des Geschöpfes, darin also, dass es gemäß den zum Leben erforderlichen Requisiten und Gesetzen existiert und agiert. Darin ist impliziert, dass beim Menschen sein Lebens*mittel par excellence*, nämlich der gesunde Körper, nach physischen Gesetzen und Bedingungen weithin selbständig 'funktioniert'. Die Aufgabe der Bereitstellung, In-Gang-Setzung und Instandhaltung der psychophysischen Funktionen würde die freie Selbstgestaltung – die *Autonomie* – des Menschen ersichtlich weit überfordern.

Die Geschöpfe also sind und leben offenbar durch die *Liebe* des Schöpfers zu den von ihm frei gewollten Geschöpfen.

Soweit ein Geschöpf wie der Mensch nun *frei* ist, kann die ihm von seinem Schöpfer zugedachte Aufgabe keine andere sein als die "Annahme seiner selbst" (anstelle von Negation). Wenn daher ein Mensch sein Dasein *annimmt* und als Selbst-Annahme vollzieht, gibt er seinem Schöpfer Echo: annehmend antwortet er auf die Liebe des Schöpfers zu ihm durch die Bejahung seines Daseins mit dessen Aufgaben, Angeboten und Lasten. Das heißt: sich und sein Leben annehmend vertraut er dem lebensfreundlichen Gott, ja sich annehmend *liebt* er seinen Schöpfer.

Im Rahmen dieser Selbstannahme versteht er auch jene Normen, die seine Beziehungen zu den "Nächsten" regeln, mindestens grundsätzlich als Mitgift der ihm erwiesenen Liebe des Schöpfers. Wenn daher ein Mensch sein Dasein annimmt, es bejaht, lässt er seine Selbstannahme gleichsam einrasten in dem ursprünglichen JA, das ihm sein Schöpfer unausgesetzt schenkt und zuwendet.

Das bedeutet: wenn ein Mensch sich annimmt und darin das Ja des Schöpfers zu ihm ratifiziert, gewinnt er Anteil am Liebesmotiv des Schöpfers, wird ihm Einsicht zuteil in die schöpferische Liebe, welche sein sterbliches Leben von jeher begründet und trägt.

Denn "wer ich bin, verstehe ich nur ... in Dem, der mich mir gegeben hat".[13]

Die Probleme, Gefahren, Verluste, mit denen das Leben ihn über die Jahre vertraut macht, ebenso wie die freudigen Momente werden einem Menschen in stillen Stunden nach und nach heller, lassen ihn einen Gehalt und Bodensatz jener Liebe ahnen und fühlen, die ihn auch durch das Schattental trug und in ihm die wenigstens

13 *R. Guardini* (1962). 26

summarische Einsicht weckt: es ist und war "gut so", "wie es gekommen ist"!

So fällt Licht vom Licht des je auch mich meinenden Schöpfers in
das menschliche Halbdunkel. Die Bibel kennt dieses Licht unter dem
Namen "Heiliger Geist". Er ist jenes über-helle Licht, das Gott selbst
und sein Wirken erfüllt "Er kann mich jene Wahrheit lehren, die mich
niemand lehren kann, nämlich meine eigene".[14]

Die Taufe Jesu im Jordan durch Johannes, von den Evangelien
dargestellt, ist prognostische Veranschaulichung des hier Gemein-
ten: indem Jesus die mit ihm selbst gegebene Berufung bejaht und
annimmt, empfängt und erkennt er das Ja des "Vaters" zu ihm selbst
wie auch dessen Liebe zu den "verlorenen Schafen des Hauses
Israel".

Für dialogische Denkweise ist alles Tun des Menschen, ob er an
Gott denkt oder nicht, "Antwort auf seinen Anruf".[15] Das Vertrauen
des Menschen in die liebende Macht, die ihn "trotz allem" trägt,
erfährt sich im Durchhalten und selbst im "Hoffen wider alles Hoffen"
bestätigt. Zugleich wird ihm deutlich, dass die Antworten der Liebe,
die er im Lauf seines Lebens und Leidens zu buchstabieren
bekommt, oft so persönlicher Art sind, dass sie sich kaum ins
Allgemeine übersetzen lassen.[16]

So ist der Mensch, zumal in schmerzlichen Irritationen seines
Lebens, an die Kompetenz Dessen verwiesen, der ihn schuf. Im
Leid ist er daher angefragt, ob er sich Dem überlassen will, „der die
Toten lebendig macht und das, was nicht ist, ins Dasein beruft"
(Röm 4,17). Christen, die im Glauben, nicht im Schauen ihren Weg
gehen (2Kor 5,7), erlangen Trost und Hilfe durch *Hingabe*, durch
vertrauend-liebendes Sich-Gott-Überlassen (also durch schlichtes
Wollen dessen, *was* - der mich, uns liebende - *Gott will*). Ist ja für

---

14 *Guardini*, a.a.O.,

15 *K. Rahner,* Theologie der Freiheit (1965), 227. *R.* zitiert hier indirekt *Guardini,*
Welt und Person.

16 Das bedeutet: die als prinzipielle Problemstellung konzipierte "Theodizee" ist
nicht fähig, individuell-persönliche Lebensfragen zu beantworten. Soweit sie
wissenschaftliche Ansprüche stellt, die methodisch nur durch *allgemeine*
Lösungen erfüllbar sind. kann sie auf die vom eigenem Leid aufgerührte
Theodizee-Frage ("Warum leide ich? das ist der Fels des Atheismus!") nur in
unspezifisch-allgemeiner Näherung antworten; sie löst z.B. kein erlebnis-
bedingtes Gerechtigkeitsproblem. Auch für die Frage des *Bösen*, worin die
Menschen aktiv und passiv verwickelt werden, liefert sie nur unspezifische
Ergebnisse.

Paulus die Liebe „am größten" (1Kor 13,13) und für *Augustinus* geradezu die „Schwerkraft", die zu Gott trägt und zieht (Bekenntnisse XIII,9). Zu Gott, denn er hat die Menschen "zuerst geliebt" (1Joh 4,10) durch seinen "Sohn" Jesus Christus, doch schon zuvor als ihr Schöpfer.[17]

Lassen wir die Gedankenfolge nochmals passieren: Ein Mensch hat es, wenigstens unthematisch, von vornherein und vorab mit Gott, seinem Schöpfer, zu tun: Indem er sein Dasein annimmt und vollzieht, bejaht er (wenigstens unbewusst-einschlussweise) Gott als den, der ihn schuf und liebt.

Zu jedem individuellen Dasein aber, je bewusster ein Mensch sich und die ihm aufgehende Welt wahrnimmt und reflektiert, gehören die Dinge, die lebendige Natur, die Mitmenschen. Sie wollen ebenfalls angenommen sein, sind somit gewichtige Größen innerhalb der besprochenen "Annahme seiner selbst"; sie haben teil an Gottes freier und unbedingter Bejahung des kontingenten Daseins eines Menschen, insofern sie individuelles Dasein vervollständigen. Selbstverständlich sind sie auch als sie selbst von Gott bejaht und ist ihr Wert unabhängig und universal.

Aber *menschliche* Existenz ist vollständig nur, wenn sie *bei sich* und zugleich *bei den anderen* ist. Menschliche Existenz ist folglich *in*-zentrisch und *ex*-zentrisch zugleich, (im ursprünglichen Wortsinn) *ego*zentrisch und zugleich *altru*istisch angelegt. Wer die zwei ursprünglichen Schwerpunkte seines Daseins samt ihrer Ordnung annimmt, bejaht zugleich den Willen seines Schöpfers.

Fällt es dem Menschen in der "Annahme seiner selbst" noch relativ leicht, Dinge und Mitmenschen als zu ihm gehörig anzunehmen, weil er sie als "Güter" verstehen kann, fällt es ihm schwer, wenn gewisse Dinge und Menschen ihn schmerzen, weil sie Leid, Krankheit, Böses bringen, ihm also nicht Zuwachs, sondern Verlust zufügen. Wenn keine Möglichkeit (mehr) besteht, ihn abzuwehren, kann der Mensch lernen, sich zu fügen. Die Bereitschaft dazu kann ihn die Glaubensbotschaft lehren: Gott zeigt in Jesus Christus seinen *un*endlichen Heils- und Heilungswillen. Er lässt den Gekreuzigten zum Brot und Leben der auf ihn Trauenden werden. Er tut es auch

---

17 Die menschliche Erkenntnisordnung unterscheidet zwei auf einander folgende Akte der Liebe Gottes (natürliche - übernatürliche Liebe), doch will das NT sagen, dass die *ganze, abgrundtiefe* Gottesliebe den Menschen erst mit der Erscheinung Jesu Christi *offenbar* wurde.

so, dass er Christus die Feindmächte "unter die Füße legt", damit dieser über sie herrsche. Christus aber herrscht über die "Mächte und Gewalten", indem er deren eigene Aktivität *sich* unterwirft und *sich* dienstbar macht. Deren Macht läuft daher aus und mündet in die Liebe Christi und deren heilende Wirkung. Sie heilt, indem sie den Menschen bedrohende und quälende Mächte um-fügt und auslaufen lässt in (später erkannte) Wohltaten, in Reifung, in tieferes Sich-finden und Verinnerlichung, gereinigte Zustimmung, kurz: in eine tiefer gegründete "Annahme seiner selbst". Paulus wendet hier auf Christus eine genuine biblische Einsicht an: Gott kann Böses um-fügen, umplanen zum Guten (*chaschab le tovah*: Gen 50,20) [18]

5. "Anonymer" Glaube

Heute setzt sich eine die komplexe Lebensrealität respektierende Erkenntnis durch: Die bis hier dargestellte "Annahme seiner selbst" kann geschehen und geschieht nicht selten bei Menschen, die *nicht* religiös-gläubig im bekenntnishaften Sinne leben. Sie mögen "anti-klerikal", anti-kirchlich und doch "anonym christlich" sein, in einem unkonkreten Sinn sich für "religiös" oder einfach nur für "anständig" halten. Einer ihrer Wortführer war der bereits zitierte *Karl Jaspers*. Offenbar ist es (christlich gesehen: durch die Gnade Gottes) nicht wenigen Menschen gegeben, vor dem für sie namenlosen schöpferischen Geheimnis sich selbst anzunehmen und ihre Existenz vor der "Transzendenz", das heißt: ins Verhüllt-Unbekannte hinein gewissenhaft-vertrauensvoll zu leben. Dabei hilft offenbar, zumal in Krisen, die bis ins KZ erprobte und bewährte Einstellung, dass auf jede Person (der Intuition zugänglich) ein Antlitz mit aufmunterndem Blick schaue: "ein Freund oder eine Frau, ein Lebender oder ein Toter - oder ein Gott".[19]

Dass dem so ist, zeigt sich nicht selten beim Sterben eines

---

18 Siehe 1Kor 15,22-28 (Ps 110,1); dazu *Fischer,* Schicksal 325ff.- Die dem Leiden gewidmete Enzyklika "Salvifici doloris" von Papst *Johannes Paul II.* neigt in umständlicher Sprache und Gedankenführung leider zu Mystifizierung des Leidens als "heil-schaffend", wenn es heißt, "dass Leiden eine besondere Kraft in sich birgt" (L`Osservatore Romano in deutscher Sprache Nr.7 vom 17.2. 1984). Das erscheint theologisch zu blass (s.o.). Ergänzend weisen wir hin auf *V.E. Frankls* Ansatz, Leiden standzuhalten, ja zu transzendieren durch Entdeckung u. Antwort auf Sinn-Angebote u.- Appelle.

19 *V. Frankl* (1995), 133

Menschen. Ärzte kennen Beispiele, wo nur anonym Gläubige, sogar dezidiert Nicht-Gläubige in der Todesstunde *Vertrauen*, Ahnung von Geborgenheit, unzerstörbare Hoffnung, Sinn-Gewissheit bezeugten, die in Widerspruch zu ihrer in gesunden Tagen festgehaltenen Bekenntnis-Abstinenz stand.[20]

Die letzte Essenz in einem Menschenleben kann in Einheit mit unverhoffter Gnade sich geradezu exemplarisch ausgestalten - wie im Bekenntnis jener früher leichtlebigen, vom Tod gezeichneten jungen Frau, die in ihren letzten Tagen als "einzigen Freund" in ihrer Einsamkeit einen blühenden Kastanienbaum vor ihrem Fenster hatte, der zu ihr auch sprach: "Ich bin da – ich – bin – da – ich bin das Leben, das ewige Leben".[21]

Auf ähnliche Beobachtungen an sogenannten "Heiden" und ihrem Einverständnis mit dem Sterben beruft sich *Karl Rahner*. Wenn ein solcher nicht-gläubiger Mensch sich "willig im Tod fallen lässt in den bodenlosen Abgrund, den er nie ausgelotet hat, ... und in dieser Willigkeit bekennt, dass dieser Abgrund der Abgrund des sinnvollen Geheimnisses" ist, erscheint er den Augen des Glaubens als der "zur Rechten Christi ans Kreuz des Daseins Genagelte, der wortlos die Worte spricht: 'Herr, gedenke meiner, wenn du in dein Reich kommst?'".[22]

In solchem Sterben vollendet sich wie eine reife Frucht die Grundfreiheit von Menschen, die sich im Vollzug des Daseins ins Dunkel hinein verfügten, sich einließen auf die unnennbare Transzendenz, der sie sich verdankten und von der sie ihr Leben ihnen zugemutet wussten.

Ihr williges Sterben kündet von einem wortlosen Glauben, der am Ende stumm bekennt: "Nicht mein Wille, sondern der Deine geschehe!".

Für Christen erscheint in derlei Beobachtungen unthematisch ein göttliches Gnaden-Geschehen.

Wozu aber brauchte es dann das förmliche Glaubensbekenntnis?

---

20 *V. Frankl* (1974), 77 (mit Hinweis auf ähnliche Beobachtungen des Medizin-Kollegen *W. v. Baeyer*)

21 *V. Frankl*, (1995), 113

22 *K.Rahner*, Dogm. Randbemerkungen zur Kirchenfrömmigkeit (1962), 404. Die Beobachtung vertrauensvoll sterbender Nicht-Gläubiger war *Rahners* Motiv, "anonymes" Christsein für möglich und real zu halten: *S. Hübner*, Der säkularistische Mensch im Licht des Glaubens: *Coreth/ Ernst/Tiefensee* (1996), 293f

Die natürliche *Ego*zentrik ist zwar lebensnotwendig, hat jedoch nach biblischer Erfahrung (vgl. Röm 7) die schlechte Neigung, sich in sich zu verkrümmen und einzuschließen. Daher bedurften "die Vielen" der geoffenbarten Erlösung vom Kerker des Egoismus und der Verheißung des Heils an jene, die in der Sorge um "die Geringsten" ihrer Brüder und Schwestern Jesus Christus verkünden und, sich selbst überwindend, leben.

6. "Im Kreuz ist Leben"

Doch der Heils-Verheißung entgegen steht für "die Vielen" das betrübende Rätsel von Tod, Abbruch, Endlichkeit. Zahlreiche Menschen kapitulieren davor und suchen es auszugleichen durch ein Maximum an (wie sie wohl wissen) vergänglichem Lebensglück, oft erkauft durch weitgehenden Rückzug von Wohl und Wehe der anderen. Die bekannte Forderung, den Nächsten zu lieben *wie sich selbst,* fühlt sich ja, ernst genommen, an wie ein Anfang von Sterben.

Glaube an Gott, Liebe zu Gott und zu den Nächsten keimen in der Regel nur, wo zumindest anfänglich sich eine Ahnung davon bildet, Gott selbst trage Leid und Armut der Menschen mit und offenbare ihnen *als sein Geschenk* die Überwindung des Todesschicksals, wie sie im Gefolge von Tod und Auferstehung Jesu Christi erkennbar wird.

Glaube an Gott, Liebe zu Gott und zu den Mitmenschen werden bewogen durch den Blick auf die Liebe Gottes, wie sie im Kreuz Jesu erkennbar wird.

François de Sales erklärt, Gott habe die Leitung der seelischen Fähigkeiten des Menschen *dem Willen* („la volonté") zugewiesen. „Der Kalvarienberg" sei „die wahre Akademie der Liebe": „Ein Unglück ist der Tod ohne die Liebe des Erlösers; ein Unglück ist die Liebe ohne den Tod des Erlösers"! [23]

Frucht dieser spirituellen Tradition ist auch das große Gebet des *Ignatius von Loyola,* das die neue Existenz-Möglichkeit offenbart und einschließt: „Nimm dir, Herr, und übernimm meine ganze Freiheit, mein Gedächtnis, meinen Verstand und meinen ganzen Willen, mein ganzes Haben und Besitzen. Du hast es mir gegeben, zu Dir,

---

23 *F. de Sales,* Traité de l`amour de Dieu, 247 (eig. Ü); *H. Bremond,* Das wesentliche Gebet (1936)

Herr, wende ich es zurück; das Gesamte ist Dein; verfüge nach Deinem ganzen Willen, gib mir Deine Liebe und Gnade, das ist mir genug!"[24]

Daraus ergibt sich eine entscheidende Konsequenz: „Im Tod wird der Mensch in radikalster Weise real gefragt, ob er über sich ins verhüllt Unübersehbare hinein verfüge lasse" (*Rahner* 1961, 69). Wenn Glaube der Akt ist, mit dem ein Mensch sich Gott zur Verfügung stellt und Gottes Lebensangebot annimmt, „so heißt derselbe Akt, insofern er ... Aufgabe des eigenen Seins in das Leben Gottes ist, Tod" - wobei der Tod nicht nur Endpunkt ist, sondern eine dem Leben eingestiftete, vom Menschen angenommene und ausreifende Wahrheit (ebd., 96).

Die christliche Vollendung der „Annahme seiner selbst" findet hier ihren Ausdruck.

Rilkes bekanntes Gedicht aus dem "Stundenbuch" ist diesen Gedanken nicht fern:

> *O Herr, gib jedem seinen eignen Tod.*
> *Das Sterben, das aus jenem Leben geht,*
> *darin er Liebe hatte, Sinn und Not.*
>
> *Denn wir sind nur die Schale und das Blatt.*
> *Der große Tod, den jeder in sich hat,*
> *das ist die Frucht, um die sich alles dreht.*

Wenn Glaube und Tod darin übereinkommen, dass sich, wie *Rahner* es sieht, im Tod das Sich-Gott-Überlassen des Glaubenden vollendet, dürfte sich darin auch die Erwählung der Jünger zu einer Frucht, "die bleibt" (gemäß dem Johannes-Evangelium), vollenden: die Seligen fänden ihre Seligkeit darin, als gereinigte geistliche Samen in das Erdreich der noch Lebenden und Leidenden ausgesandt zu werden ...

---

24 Die Exerzitien Nr.234 (dt. *H.U von Balthasar,* Einsiedeln 1962)

7. "Hoffnung, die zu sehen ist, ist keine Hoffnung" (Röm 8,24)

Doch vor solchen Ahnungen erhebt sich das Wagnis mit dem Risiko des Scheiterns.

Erlebtes und angenommenes Leid im Rahmen der von Christus eröffneten Gott-Beziehung zu vollziehen als Schritt aus sich heraus auf den fügenden Gott zu kann, in der Bild-Sprache der Evangelien, das Verlassen des Bootes sein, das Gehen über die Wogen von Leid und Angst hin zu Dem, der dem Menschen, der seinen Untergang fürchtet, die rettende Hand hinstreckt.

In einer anderen, nicht weniger eindrücklichen Bild-Sprache:

"Wir wollen nicht den Strick untersuchen, an dem wir über dem Abgrund des Nichts hängen, sondern ihn umklammern, damit wir nicht in den Abgrund der Verzweiflung fallen. Wir wollen nur so viel Licht und Kraft, dass wir weiter beten, damit das Herz nicht verzweifle und der Mund nicht zu fluchen beginne, weiter beten bis ..., ja, bis Gott reden wird und sein Wort das Wort des Erbarmens sein wird und des ewigen Trostes".[25]

In *Rahners* abgründigste Sicht führt seine *Ignatius*-Rede:
Es gibt (als Gnade, doch keinem verwehrt) eine unmittelbare Erfahrung Gottes jenseits der Bilder und Worte: des Namenlosen, Unergründlichen, Schweigenden und doch Nahen „in der Dreifaltigkeit seiner Zuwendung", in unerrechenbarer Freiheit (verwandt „mit *Luthers* und *Descartes'* ursprünglichen Erfahrungen").[26] Zumal „in der Bitterkeit des Lebens" kann sich der Tod zeigen – noch nicht als medizinischer Exitus, sondern „als radikale, sich nur noch durch sich selbst ausweisende Hoffnung oder als die absolute Verzweiflung", so dass „in diesem Augenblick Gott sich selber anbietet".

---

25 *K. Rahner,* Von der Not und dem Segen des Gebetes, 82
26 Beide Persönlichkeiten, *Luther* wie *Descartes,* glaubten Gott zunächst als absolut frei, an nichts rational Verständliches gebunden: eine Freiheit, an der auch das Heil der Menschen hänge. Diesem Gottesbild setzt *Descartes* das vermeintlich unangreifbare, seiner Existenz gewisse Ich entgegen, indes *Luther* – so auch *Rahner* – ihr Vertrauen mit *Paulus* auf *Christus* setzen. Über die Zusammenhänge informieren etwa *G. Krüger* (1962) u. *V. Leppin* (2013). Für *Rahner* erscheint die Welt äußerlich gottverlassen wie vor der Sintflut (s. Gen 6,5ff); doch ist die Sintflut ersetzt durch den gekreuzigten (und auferstandenen) Christus.

Pastoral und Spiritualität müssten helfen, die Erfahrung des namenlos-unbegreiflichen, liebenden Gottes zu entdecken, der Menschen auch als wortlose „Gnade von innen" begegne.

Noch die „schreckliche Stille" des expandierenden Atheismus rede vom je immer größeren Gott, größer auch als Bibel, Kirche, Sakramente. Bei aller Bedeutung könnten sie nur Mittel sein, um Gottes Neigung zur Welt mit zu vollziehen, die in Jesus zur Fülle ihres Geheimnisses kommt. Dieses teile sich aber nur mit, wo „man durch das Leben hindurch den wirklichen Tod stirbt, .. wenn man die in ihm inwendige Gottverlassenheit ... gefasst mit Jesus annimmt". Gott ist „das unsagbare Geheimnis, die Finsternis, die nur dem das ewige Licht wird, der sich von ihr bedingungslos verschlucken lässt" (1983, 373-386).

Der Zusammenhang von Glaube und Tod bewegt Rahner noch auf dem Sterbebett:

Zu jeder Zeit, betont er, müsse Theologie die Frage nach dem Leid neu stellen, könne sie aber nie so beantworten, „dass der Mensch, wenn er in den Abgrund des Schmerzes und des Todes ohnmächtig fällt, durch die Beantwortungen ...wirklich getröstet wäre".

„Warum musste Christus leiden?" Alle sinnvollen, ernst zu nehmenden Antworten „füllen für uns jetzt in diesem Leben den Abgrund dieser Frage nicht aus". Und: „Der endliche Geist muss notwendig Gott als den Unbegreiflichen annehmen in dem hoffenden Glauben ..., dass diese Unbegreiflichkeit die wahre und einzige Erfüllung und Vollendung unserer Existenz ist. Aber dieses Verhältnis zu Gott bliebe eine theoretische Harmlosigkeit ..., wenn diese Unbegreiflichkeit Gottes nicht konkret würde in der Unbegreiflichkeit seiner Verfügung über uns, die erst im Leid und dessen Unbegreiflichkeit erfahren wird" (Über das Leid 1984).

8. Theodizee des Vorläufigen

Die Abgründigkeit in Rahners Gedanken zur Frage Gott-Leid wird oft verkannt, wo man die Mühe unterlässt, seine Argumentation bis in die Wurzel zu verfolgen. Dann fragt man nur enttäuscht, warum man „sich begnügen" solle mit dem Satz, die Unbegreiflichkeit des Leides sei ein Stück der Unbegreiflichkeit Gottes (*Klaus Berger*).

Andere meinen, *Rahners* Gedanken seien so „erhellend wie verschleiernd" *(Kreiner* 2005, 280), leer wie *Hans Küngs* These, die Unvergleichbarkeit des Menschengeistes mit Gottes Geist mache eine „theoretische Antwort auf das Theodizee-Problem" unmöglich (1992,121ff). Man poche „auf die Unerklärbarkeit des Leids", ohne die vom Atheismus gewollten Konsequenzen zu ziehen, spiele diesem aber „in die Hände" *(Kreiner a.a.O.,* 49.52). Das Bekenntnis zum „allmächtigen" Gott enthalte jedoch die Konsequenz, Gott habe Macht, Leid und Übel zu verhindern; tue er es nicht oder nur begrenzt, sei nach den Gründen zu fragen (66ff). Die Behauptung, der Glaube könne noch verstehen, „wenn die natürliche Vernunft bereits an ihre Grenze gestoßen ist", sei „absurd" (70).

Zwar betont auch *Joseph Ratzinger (Benedikt* XVI), das Wesen der Schöpfung *müsse* „Unbegreiflichkeit sein", da ihr Ursprung liebende *Freiheit* sei. Doch verdanke die Welt das Dämonisch- Dunkle in ihr der *kreatürlichen Freiheit,* die mit bösem Tun Leid „unerträglich" mache.(1971,106ff; 2007, 200f). Es gibt Theologen, die in kreatürlichem Leid kein Thema der *Theologie* erkennen.

Allerdings gibt es *vor*letzte, sinnvoll zu stellende Fragen der allgemeinen Theodizee. Für sie kann man, wie *Kreiner,* auf *J. Hick, J.B. Metz,* „Prozess-Theologie" verweisen: Gott schuf die Menschen nicht fertig, sondern stellte sie auf den Weg zur „Gott-Ähnlichkeit" *(Irenäus* nach Gen 1,26); Mühsal, Schmerzen, Leiden stiften Menschen an, Wert-Haltungen auszubilden, am Gut-Machen der Welt mitzuwirken. Da Leid oft exzessiv, Sinn zerstörend auftritt, ist die Aussicht auf ein Leben nach dem Tod wichtiges Hoffnungselement: Leid-Erfahrung erzwingt nicht Abschied von Gott (gegen *David Hume)*

Diese Art Theodizee provoziert aber den Einwand, man entschuldige Gott „durch Vernunftgründe" aus der Schöpfung „für die Mängel seiner Werke", statt „die Geschichte des göttlichen Heilshandelns und seine in Jesus Christus schon angebrochene Vollendung" einzubeziehen. Tatsächlich würden ja Böses und Übel in Jesu Kreuzestod und in der eschatologischen Vollendung von Gottes Schöpferwillen überwunden und als „nichtig" überführt *(Pannenberg,* 192.196).

Dies trifft *Rahners* Anliegen.

9. Konform mit Christus

Zudem ist die Aussage, Glaube könne noch verstehen, wo natürliche Vernunft an Grenzen stößt, nicht so absurd, wie man meint. Schon die Kirchenväter lasen aus der Hl. Schrift, den Gläubigen sei ein „Gott-Sinn" (*Origenes*) verliehen, sodass sie Gottes Wege in Seinem, natürliche Vernunft erhellenden Licht, also Gott *in* Gott verstehen. Christen ist die „gnadenhafte Geist-Erfahrung ... mit Glaube, Hoffnung und Liebe in der Selbstmitteilung Gottes" gegeben (*Rahner* 1974, S.XI). *Rahners* Überlegungen zu Gott und Leid haben „einen ganz anderen [d.h. *transzendentalen*] Ausgangspunkt": *Liebe* ist die Leuchte der Erkenntnis, Leid, Unglück aber sind Aspekte des „schrecklichen Glanzes" Gottes. Im Himmel werde „der schreckliche Glanz der unbegreiflichen Gottheit" jedoch „erträglich" sein, „wenn wir Gott *lieben*" (1980, 462).

Die Menschheits-Frage Gott-Leid nimmt *Rahner* auf, indem er fragt, welcher Art die existenzielle *Bedingung der Möglichkeit* (eine *metánoia!*) sei, Gott im Leid zu verstehen, zu bestehen.

Seine Antwort in Kurzform: man möge „den Unbegreiflichen so über sich verfügen lassen, dass man glaubt, dieses Verfügen sei das Wirken einer unendlichen Liebe" (1965, 28), ein Sich-Lassen kon*form* mit Jesus, „dem Gott Lassenden und Gott Empfangenden". Wer, bedrückt vom Tod im Leben, das viele Dunkle, Ungeklärte, Armselige, Bedrohliche sieht, die Ungerechtigkeit der Welt, Massensterben: „darin leidet eigentlich Gott, .. leidet Jesus bis zum Ende der Weltgeschichte, da hängt er eigentlich noch real .. in meinem erbärmlichen Leben, in der Fürchterlichkeit dieser Welt am Kreuz, da leidet er real seinen Tod aus .. Immer noch ruft es durch die ganze Welt, selbst wo sie es nicht reflex weiß: 'Mein Gott, mein Gott, warum hast du mich verlassen?`, wenn er da aus diesem fürchterlichen Durcheinander ... heraushört 'Vater, in Deine Hände empfehle ich meinen Geist!`, wenn er so wirklich ... das Schicksal der Welt in sich selbst und draußen .. als reales Schicksal .. von Gott, seiner Selbstmitteilung, seiner Gnade, auch Jesu erlebt", wenn er dann das Mysterium des Abendmahls des Herrn feiert, „dann erfährt er innerlich", dass, was da geschieht, kein sakrales Séparée ist, sondern das zum Ereignis wird, an, in ihm geschieht, sich verdichtet, was er in der sogenannten profanen Welt lebt, leidet und betet (1971, 84f).

Was *Rahner* im letzten Abschnitt anspricht, geht offenkundig über die individuell-persönliche Perspektive hinaus, die im ersten Teil behandelt wird. Thema ist hier nicht nur individuelles Leid, das ein Mensch, zumal als Glaubender, annehmen soll als - ihm zunächst verborgene - gute Fügung seines Schöpfers. Der Schlussteil nimmt das *über-individuelle* Leid in den Blick, eine Form von Leid, die dem heutigen Menschen *nolens volens* ebenfalls zugefügt wird mittels der weltweit vernetzten Kommunikationsmittel: Hunger, Erdbeben, Gewalt, Terror, Krieg.

Das einzelne Schicksal erfährt sich vor Gott gleichsam weltweit gedehnt.

Die Welt-Perspektive eröffnet allerdings schon der Völker-Apostel, wenn er alle, "Juden wie Griechen" (d.h. heute: Christen, Anders- und Nicht-Gläubige) unter dem "Zorn" sieht (vgl. Röm 3), weil sie allesamt Gottes Weisung ignorieren, die ihnen doch ins Herz geschrieben sei.

Man kann zusätzlich fragen, ob wir heute nicht auch um Leiden wissen, die zunächst als Folgen der noch unvollendeten Schöpfung - also der erst noch werdenden Welt - zu werten sind (der schon von *Teilhard de Chardin* geäußerte Einwand).

Auch den umfassenden Welt-Schmerz leidet für *Rahners* gläubige Sicht der Gekreuzigte mit uns aus, und auch er ist in die Wundmale des auferstandenen Christus aufgenommen, aufgehoben und in ihnen vollendet ("verklärt").

Eben diese Perspektive gehört heutzutage zum Bestand des persönlichen Gottes- und Christus-Glaubens.

III. "Wandelt euch durch ein neues Denken!" [27]

Die meisten Menschen der westlichen Gesellschaften halten heute Distanz zu Gott - zum Gott der Kirche. Traditionell hat er vor allem das Profil eines Gesetzgebers, dessen Gebote und Verbote moralische Maximalforderungen stellen und die Leute nötigen, sich schuldig zu fühlen. Die Kirche, Propagandistin der göttlichen Gesetze, setze gut meinende Leute unter Druck, den Druck der "Sünde", und flöße ihnen ein negatives Selbstbild ein. Das schwäche die Lebensenergie. Die Kirche habe die Zeitenwende verpasst. Heutige Menschen setzten auf selbstbestimmte, statt fremdbestimmte Lebensgestaltung.

Von kirchlicher Seite empfindet man solche Äußerungen als tendenziös, ja polemisch und hält den Leuten entgegen, die Kirche wolle und tue nichts anderes, als den Leuten den Sinn ihres Lebens durch den Glauben an den Gott des Evangeliums zu verkünden, ihnen Gottes Rechtfertigung durch Glaube an Jesus Christus (nach Röm 3,22) zu eröffnen. Um Erlösung, Rechtfertigung zu erlangen, müssten die Menschen sich allerdings bereiten, sich für Gott öffnen. Doch die meisten Menschen - auch viele Christen - ahnen kaum, was das wahre Anliegen der Kirche im Auftrag Christi ist.

- Die Krise und die Heiligkeit Gottes

Das kommt nicht von ungefähr. Denn die in Christus bedingungslos vorab gewährte Annahme der Menschen - der *Sünder* - durch Gott wird durch die kirchliche Institution, ihre Lehre und Praxis offenbar nicht zureichend (erkennbar) vermittelt. Das verkündete Evangelium muss auch in der persönlichen Zuwendung zu Menschen erkennbar sein. Hier gibt es offenbar Ausfälle.

In heute nahezu prophetisch anmutender Weise beschwor *Karl Rahner* die Verantwortlichen in der Kirche schon vor Jahrzehnten, den radikalen Ernst der Lage zu erkennen. Statt an eher äußerlichen Formen, Gewohnheiten und volkspädagogisch-moralistischen Forderungen festzuhalten, sei die Hinführung der Menschen zum innersten Kern christlicher Offenbarung das Gebot der Stunde:

---

[27] Die folgenden Darlegungen sind ein überarbeiteter u. erweiterter Auszug aus der Arbeit des Verfassers mit dem Titel *Mensch - Gott - Kirche. Ein labiles Dreieck* (Wiesmoor 2017), die eine ausführliche Darstellung u. Kritik bietet.

"Wir haben zuerst und zuletzt dem Menschen von heute vom innersten, seligen, befreienden, aus Angst und Selbstentfremdung erlösenden Geheimnis seines Daseins zu künden, das wir "Gott" nennen. Wir müssen dem Menschen von heute wenigstens einmal den Anfang des Weges zeigen, der ihn glaubwürdig und konkret in die Freiheit Gottes führt. Wo der Mensch die Erfahrung Gottes und seines aus der tiefsten Lebensangst und Schuld befreienden Geistes auch anfanghaft nicht gemacht hat, brauchen wir ihm die sittlichen Normen des Christentums nicht zu verkündigen. Er könnte sie ja doch nicht verstehen, sie könnten ihm doch nur höchstens als Ursachen noch radikalerer Zwänge und tieferer Ängste erscheinen".[28]

In der römisch-katholischen Kirche galt ja lange Zeit ein Konzept, welches das Glaubensleben der getauften Christen vorrangig als System von Pflichten gegen Gott (im Kern die Zehn Gebote) dar-stellt, deren Erfüllung oder Verletzung Gegenstand des Examens beim Empfang des Bußsakramentes war und ist.

Dieses Sakrament - und damit die moralisch akzentuierte Glaubens-schulung - ist vielerorts in die Krise geraten. Deren Ursache lässt sich so umschreiben: in früheren Jahrhunderten lebte ein starkes Empfinden für die Heiligkeit Gottes und das "tremendum" – die richtende Distanz des Heiligen zu sündigen Menschen. Das Gottesbild ähnelte dem der Drohbotschaft Johannes des Täufers, spiegelte nur wenig von der Frohen Botschaft Jesu. Die schiefe Optik trat hervor in der Debatte der letzten Jahre (wo man nur halb begriff, worüber man eigentlich stritt), ob Gottes Barmherzigkeit oder seine Gerechtigkeit Priorität habe. Die Bibel bezeugt klar: Gott erlässt *nicht willkürlich* Gebote und Verbote, weil er "der Herr" ist, der Ungehorsame mit Strafe überzieht. "Der Herr" ist ja ehrfürchtige Umschreibung für "den Namen", nämlich JHWH (Ex 3,15). So fordert das Heiligkeitsgesetz des Alten Bundes von der Bundes-Gemeinde und ihren Gliedern Heiligkeit, weil JHWH den Ausgebeu-teten, Klagenden, Schwachen in besonderer Weise zugewandt und zugetan ist (Lev 19,2 [20,26]. 10.13-16 usf). Israel kann das erwähl-te Volk seines Gottes nur sein und bleiben, wenn es selbst jahwe-förmig wird - und zwar in Tat und Wahrheit. Die Propheten treten als Richter und Unheils-Künder im Namen Gottes auf, wenn Israel seinen Gottesdienst bloß kultisch, nicht aber auch sozial (JHWH

---

28 *K. Rahner,* Strukturwandel der Kirche, 72. S.a. *Fischer / Hübner,* Gott als Geheimnis des Menschen, 265-291

gemäß) versteht und lebt. Dann zeigt sich Gottes Heiligkeit nicht positiv, sondern negativ, in Gerichten, aber der Art JHWH`s gemäß: sein Zorn tastet Leben und Umkehr-Möglichkeit (die "Zukunfts-chance") der Sünder nicht an (Lev 26,44; Jes 48,9; Ez 33,11).

Das Erbarmen ist somit Aspekt von Gottes (JHWHs) Heiligkeit und seine Gerechtigkeit ihm untergeordnet. Denn Gottes erbarmender Realismus wendet sich dem überlebenden, zu Umkehr bereiten "Rest Israels" im fremden Land, im "Land der Feinde" zu, nicht am Nullpunkt oder erst nach der Heimkehr (Lev 26,44). Gott ermöglicht also neues Leben am Ort der Lebensgeschichte (Jes 43,19).

Auch das Froh-Machende des Evangeliums Jesu zielt darauf, die Menschen erkennen zu lassen:

Gottes Heiligkeit will in der bedingungslosen Zuwendung des "Vaters" zu ihnen selbst wahrgenommen werden; m.a.W. stehen alle Menschen, zumal die schwachen, bedürftigen, verwundeten unter dem Schutz von Gottes Heiligkeit. Das bedeutet religiös die Umkeh-rung der bisher gewohnten Verehrung der abweisenden, weltab-gewandten Heiligkeit einer Gottheit, wie sie das außerbiblische religiöse Spektrum bezeugt. Das bestürzend Andere der Heiligkeit Gottes, bis heute in der Kirche nur wenig begriffen, liegt in der Selbstidentifikation des "Vaters" durch Jesus mit Klage und Not der Menschen (gemäß Ex 3,7f; Phil 2,6-11; Mt 25,40), sodass Missachtung der "Geringen" eine Verletzung des Heiligen selbst beinhaltet. Jesu Zeugnis in den Evangelien, anknüpfend bei Israels Gottesverehrung, läuft darauf hinaus, auch Sünder vorrangig als Schwache, Schutz- und Hilfsbedürftige wahrzunehmen und zu behandeln. Indem Jesus sein Zeugnis von Gottes Heiligkeit zuspitzt, gerät er in Kontroverse mit den Frommen, die einen engen, distan-zierenden Begriff von Gottes Heiligkeit und von Selbst-Heiligung pflegen. Doch weiß er sich einig mit dem Gott des Heiligkeits-gesetzes: "Du sollst deinen Nächsten lieben wie dich selbst, (denn) ich bin JHWH" (Lev 19,18). JHWH aber ist Der, der die Klage der Gedrückten hört und durch seinen Diener zu ihrer Rettung aufbricht (Ex 3,14 ff).

Auch behinderte Menschen können in ihrem tieferen Wesen ha-dernd und sprachlos fern von Gott sein. Auch darauf reagiert Jesus, indem er bei einem Gelähmten nicht nur die Körperbehinderung, sondern auch die ´Gottesbehinderung` heilt (Mk 2,5.11f).

Einen Blinden, von dem Pharisäer wie Jünger annehmen, er sei "in Sünden geboren", heilt er am Sabbat von Blindheit und Unwissenheit, nimmt dafür selber das Odium des Sünders und Gesetzesbrechers auf sich (Joh 9). Die ihm zur Aburteilung vorgeführte Ehebrecherin ermutigt er zu einem Neuanfang, gar ohne zuvor Reue und Bußleistung abzufragen.

Damit entspricht er dem Verständnis von Gottes Heiligkeit, wie Israels Glaube es überliefert, auch wenn sich immer wieder zeigt, dass maßgebliche Fromme dessen Konsequenzen nicht erfassen.

Das Gros des zur Heiligkeit berufenen Volkes desavouiert seinen göttlichen Retter, setzt die ihm geschenkte Erlösung aufs Spiel, büßt sie unter Fremdherrschaft ein, besinnt sich aber spät. Dann wird der "Heilige Israels" sein Erbarmen für das durch Sünde entfremdete Volk aktivieren, es aus selbstverschuldetem Elend führen und sich so vor den Völkern (den Anders- und Nicht-Gläubigen) als "heilig" erweisen (Ez 38,23; 39,7).

Auch Jesus rechtfertigt seine Mahl-Gemeinschaft mit Sündern mit dem Gotteswort "Barmherzigkeit liebe ich, nicht Opfer" und Buß-Leistungen (Mt 9,13). Das primär Furcht einflößende Gottesbild des mittelalterlichen "Dies irae", zusammen mit dem Bild vom verdorbenen, unwissenden, strenger Erziehung bedürftigen Menschen, in früheren Epochen volkspädagogisch wirksam, wird heute weithin abgelehnt. Darin erkennt der heutige Mensch sich nicht wieder. Er weiß: Traditioneller Moralismus und Rigorismus, auf tiefes Misstrauen gebaut, manchmal gesteigert bis zu Verachtung, ja Misshandlung der "schwachen" Menschen, die ambivalente Distanz zu Materie und Welt, Überbetonung von Autorität, Ordnung, Gehorsam, oft einhergehend mit Gefühlskälte, Lieblosigkeit gegen "labile" Menschen,[29] die scharfe Distanzierung der *Geist*lichen von den *Welt*lichen durchzogen als Hauptströmung die Kirche jahrhundertelang und machten sich nachdrücklich im Gemüt der Generationen fest, wo sie langlebige Aversionen erzeugten.

Die Leute wissen: es gab und gibt Ausnahmen - *Heilige*. Doch werden sie kaum als Früchte des Kirchen-Betriebs wahrgenommen: sie waren "anders", *obwohl* Mitglieder der Kirche ...

Manche wenden ein, die erwähnten Fehlhaltungen seien über-

---

29 *Görres*, Pathologie des katholischen Christentums, in: *Arnold/Rahner*, Handbuch der Pastoraltheologie II/1, 277-343

wunden oder nur punktuell zutreffend. Doch hält die Krise an.[30]

Ein wichtiges Indiz ist die erwähnte Krise des Bußsakramentes, jenes Sakramentes, das bis zum II. Vatikanischen Konzil den Schwerpunkt katholisch frommer Praxis bildete und auf Überwindung der *Sünden* (der Verletzungen göttlicher Gebote) abzielte. Man rechnete, dass für die meisten Christen die häufige Verletzung der *Pflichten* gegen Gott quasi den Normalfall darstelle, riet zu oftmaligem Empfang des Bußsakramentes, damit die Empfänger in den "Stand der Gnade" und Unschuld vor Gott zurückkehren konnten. Positiv mahnte man sie, um weniger leicht zu sündigen, sollten sie die (natürlichen und übernatürlichen) *Tugenden* erstreben.

Zur Unterstützung von "Beichtvätern" und Pönitenten erschienen moraltheologische Handbücher mit dem Anspruch, alle denkbaren Details einer sündigen Handlung und der Disposition des Sünders zu erfassen und so das richterliche Urteil des Priesters (im Namen Gottes und der Kirche) zu schärfen. Bezeichnend für die bis zum II. Vatikanischen Konzil verbreitete Geisteshaltung war, dass man Legalismus und Kasuistik weniger fürchtete als eine die richtende Härte abmildernde "Situations-Ethik", die amtlich verworfen wurde,[31] da sie dem strengen Gottesbild wenig entsprach.

Widersprach ein individuelles *Gewissen* der von der Kirche vorgelegten göttlichen Norm, war es als "irrig" zu qualifizieren. Die Zurückdrängung des mündigen persönlichen Gewissens zugunsten vorgegebener "Gewissensspiegel" erzeugte eine ängstlich bemühte Skrupulosität, die auch heute noch - oder wieder - bei frommen Katholiken anzutreffen ist.

Wie man sieht, wurde hier, erzieherisch motiviert, der biblische *Glaube* verkürzt bzw. reduziert auf die *Unterwerfung* unter göttliche Gebote und Verbote, die Glaubens*praxis* gleichgesetzt mit Erfüllung einschlägiger Pflichten und Tugenden. Glaube im Sinne biblischen Vertrau-Glaubens war eher eine Beigabe zur Stützung der Anstrengung, die "Pflichten gegen Gott" zu erfüllen. Dabei schärfte man die

---

30 Nach neuesten Umfragen sagen 67% der Deutschen, ihr Land sei geprägt von christlichen Werten, die gesellschaftliche Relevanz des Christentums nehme aber kontinuierlich ab. Man sehe einen "langsamen Abschied vom Christentum" (Rhein-Neckar-Zeitung vom 20,12,2017). Derartige Umfragen befassen sich jedoch nicht mit der Frage, worin künftig die Chancen christlicher Verkündigung bestehen könnten.

31 *Jone*, Kath. Moraltheologie, Vorwort

kognitive Seite ein: das Für-wahr-Halten der "Glaubenswahrheiten" in Katechismus-Form. Konzept und Praxis dieser Art moralisierender Glaubenslehre erschwerte es faktisch zahlreichen Menschen, eine individuelle, den eigenen Lebensweg tragende Glaubens- oder Vertrauensbeziehung zum biblischen Gott und zu Jesus Christus zu finden, da sich der Eindruck festsetzte, Gott habe seine Zuständigkeiten wie Allmacht, Allwissenheit, Gericht und Gnade rest- und ersatzlos an seine kirchlichen Stellvertreter abgetreten. Diese berufen sich zwar auf biblische Referenzen wie 2Kor 5,20, Mt 16,18; 18,18 und Joh 21,15-19. Doch tritt diese Kompetenz-Übertragung bei Paulus als demütiges Bitten in Vertretung Christi auf, ist in den Evangelien an die *Nachfolge* der Apostel gebunden und schließt nicht aus, dass diese an die Stelle der Denkart Gottes menschliche Denkart setzen (Mt 16,23).

Probleme dieser Art führten zu den Schismen der Kirche Christi wie auch zum distanzierten Verharren vieler Menschen vor der Kirchtüre.

Die Situation hat ein wenig Ähnlichkeit mit *Franz Kafkas* bekannter Parabel "Vor dem Gesetz".

Für den "Mann vom Lande" war der Theologe oder Pfarrer nicht selten ein mächtiger Türhüter, der Zögern und Unsicherheit des Mannes durch Ausmalen immer höherer Schwellen und Berufung auf mächtigere Glaubenshüter vermehrte, bis er dem resignierten Alten offenbarte, seine, des Hüters, Aufgabe sei es immer schon gewesen, ihm, dem Gott-Sucher, Einlass zu gewähren.

Eines der Urteile des "Mannes vom Lande" klagt, "die Kirche" halte Gesetze und Normen für wichtiger als Menschen, stigmatisiere jene, deren Lebensgang anders als erlaubt, im Widerspruch zu kirchlich definierter Moral verläuft, und missachte deren eigenes Gewissensurteil. Sie okkupiere den Zugang zu Gott und entmutige die Leistungsschwächeren. Ein verbreitetes Gefühlsurteil.

Es versteht sich, dass diese Beschwerde nie allgemein und überall zutraf und zutrifft. Es gab und gibt vom Evangelium inspirierte Verantwortliche in Leitungsamt und Seelsorge, in deren Verhalten die Menschen Jesus erkennen. Doch ist die Distanz so vieler ´Namenloser` kein Zufall, lässt sich auch nicht durch Abfall erklären, sondern spiegelt ein Missverhältnis, eine tiefe Krise.

Wesensmetaphysik und Epikie

Als erste stellt sich schon die Frage, ob und wie weit allgemeine Normen und Gesetze auf Einzelschicksale passen.

Denn heute sind die Menschen, also auch Christen, einem Paradigmen-Wechsel ausgesetzt: das statische Weltbild, auf antike Denker wie *Parmenides, Platon* gestützt, wird ersetzt durch ein dynamisches Weltbild, wonach alles und jedes sich in fließender, sich entwickelnder Beziehung bewegt. Die *fließende* Welt *Heraklits* (des antiken Antipoden zu *Parmenides), der Fluss als solcher* entzieht sich dem Denken des *Parmenides,* d.h. dem Denken des *logisch* vorgehenden, des *fest*stellenden Geistes so hartnäckig, dass er sie leugnet oder wenigstens banalisiert. Logisch vorgehendes Denken ist unablässig bemüht, dem, was sich ihm gezeigt *hat, nach*zukommen; es erfasst "klar und deutlich" nur, was steht oder ruht. So ist logisches Denken geneigt, Veränderung als bloßen Schein, als unerheblich, ja störend für *wahre* Erkenntnis zu werten – weil die Welt des Veränderlichen eben keine *bleibende* Erkenntnis liefert.

Dazu kommt: schon *Aristoteles* erkannte *Grenzen* der überkommenen allgemeinen Wesensethik, die den konkreten Fall (es geht um menschliche Schicksale !) vernachlässigt.

In der *Nikomachischen Ethik* arbeitet er die Tugend der *Epikie* heraus, die dem Sonder- und Ausnahmefall, den das allgemeine Gesetz nicht vorsieht und einkalkuliert, gerecht werden soll.[32]

Damit beeinflusste er das Denken so bedeutender christlicher Philosophen und Theologen wie *Albertus Magnus* und *Thomas von Aquin.* Sie sahen die *Veränderlichkeit* des Menschenlebens, die die Anwendung *allgemeiner* sittlicher Normen nicht selten problematisch macht.

Vor den zeitlos-statischen Normen der Wesensethik bewegen sich biographische Einzel- und Sonderfälle gleichsam im *Mikro*bereich. Sie sind durch *allgemeine* Erkenntnisse und Ableitungen nicht adäquat fassbar.

Das kann dort nicht befremden, wo man durch die Quantenphysik belehrt ist, dass die Natur da, wo es um das Kleine, Kleinste geht, dem menschlichen Erkenntnis-Instrumentarium die Grenze seiner

---

32 *Aristoteles* handelt hier von der "richterlichen Klugheit" (*dikastikè phrónesis*): ihre hermeneutische Bedeutung wird eindringlich dargestellt von *Gadamer,* Wahrheit u. Methode, 317 – 329

'Passung` aufzeigt. Hoch auflösende Exaktheit menschlicher Erkenntnis und Wertung ist hier *vom Ansatz her* nicht erwartbar. Oder denken wir an die Chaos-Theorie: wir können uns die Wirkungsweise des „Schmetterlings-Effektes" in chaotischen Systemen – Rückkopplungseffekte aus minimalen Veränderungen – nur ansatzweise vorstellen, da unser Denkapparat auf lineares Denken geeicht ist. Nicht-linear Veränderliches entzieht sich *im einzelnen* dem vor(aus)sehenden Zugriff.

Für die klassische Metaphysik (Instrument der Wahl für die kirchenamtliche Theologie), die die enge Korrespondenz von Sein und Geist zusammen mit der *Wesens*schau betont, wiegt die Distanz zwischen menschlichem Erkenntnis-Apparat und objektiver, veränderlicher Wirklichkeit schwer. Sie ist ja noch eine Frucht des zyklischen Denkens, der "ewigen Wiederkehr des Gleichen" und der *mythischen* Denkweise.[33]

Für das qualitativ *Neue, Andere* von Geschichte und Evolution hat Metaphysik keinen Sinn.[34] Einem statisch gerichteten Denken, das Veränderungen als Störungen und Abweichungen auffasst, verwehren seine Voraussetzungen ein *inneres* Verständnis für qualitativ *Neues* in der *Geschichte* wie für das Neue und Einmalige der Epiphanie Gottes in Jesus Christus, für den "Kairós" im NT, für die Appell-Funktion des "Nächsten" in christlicher Ethik.[8]

Das Problem wird gemildert durch die klassische Lehre über *Epikie* (*aequitas*, Billigkeit), da sie das Eigenrecht des Einzelnen gegenüber dem Allgemeinen wahren will. Sie hat zwar auch kein Auge für *geschichtliche* Entwicklungen und Verwicklungen, für Besonderes und Einmaliges. Aber sie hat das *Kleine* (*tò mikrón*) im Blick, fasst dieses nicht gleich als gestört oder verdorben auf, sondern als etwas, das dem auf das Ganze, Allgemeine, auf das *Wesen*

---

33 Vgl. *Eliade,* Kosmos und Geschichte..- Dass in dieser Epoche das *ptolemäische* Weltbild mit der Erde als Zentrum herrschte, ist kein Zufall. Den Abstand zu heute ermisst, wer sich das grenzenlos in Raum und Zeit expandierende Weltall vor Augen hält: Expansion auch des Denkens. Den Unterschied betont *Krüger*, Grundfragen der Philosophie, 41-44

34 *M. Müller*, Erfahrung u. Geschichte, 68f. 251-260.– Typisch für ungeschichtliches Denken in der Theologie der Einwand des päpstlichen Beraters *Sebastian Tromp* zu Beginn des 2. Vatikanischen Konzils: "Wir reden vom modernen Menschen: Aber den gibt es nicht!" Zit. nach *Küng* (2002), 363; vgl. 106.

gerichteten Blick entgeht, und schreibt dieses Übersehen der mangelnden Sehschärfe des Auges zu, das nur auf Allgemeines gerichtet ist. So enthält die Epikie-Lehre quasi eine nachträgliche Reparatur der Wesens-Ethik. Sie nimmt die Rechte einzelner Menschen und ihres individuellen 'Falles' gegen den Totalanspruch des Allgemeinen (in der Wesens-Metaphysik) in Schutz.

So ehrwürdig die Lehre der Epikie, "Billigkeit", auch ist – bei *Aristoteles, Albertus Magnus, Thomas von Aquin* eine Tugend oder sittliche Qualität[35] –, im umfangreichen katholischen Welt-Katechismus (von 1993) oder in den Enzykliken Papst *Johannes Pauls II.* sucht man sie vergebens. Das Lehramt habe – so ein langjähriger Lehrer der Theologie (*S. Hübner*) – "die Epikie völlig vergessen".

Thomas macht darauf aufmerksam: die individuellen Verhaltensweisen und Situationen, auf welche die Normen gerichtet sind, können quasi unendlich variieren; daher gibt es kein Gesetz, das nicht in irgendeinem Fall versagt, das heißt, diesen Einzelfall nicht vorhersieht, ihn nicht erfasst. Denn – so *Aristoteles* – ein Gesetz oder eine Norm bezieht sich nur auf die Mehrheit der Fälle. Daher gibt es eine Minderheit von Fällen, welche die Norm nicht angemessen berücksichtigt. Hier ist oder wäre die starre Anwendung von Norm oder Gesetz gegen ihren Sinn, der ja in Verwirklichung und Förderung von Gerechtigkeit und Gemeinwohl besteht. In diesen Fällen, so *Thomas*, sei oder wäre es *malum* (böse, schlecht), die Norm zu befolgen; gut jedoch, den Wortlaut des Gesetzes außer Acht zu lassen und das zu befolgen, was der *Sinn* der Gerechtigkeit und das Gemeinwohl fordern. Für *Albertus Magnus* ahmt die Epikie den Sinn der normativen Gerechtigkeit nach, zwar nicht in der konkreten Handlung (bzw. nicht in diesem Fall), jedoch der Absicht nach. Sie wende die Absicht des Gesetzgebers, nämlich die Förderung des Gerechtigkeit, auf Einzelfälle an, wo das Gesetz wegen seiner allgemeinen Fassung versagt.[36]

Eine *Ausnahme*situation kann die *allgemeine* Gerechtigkeitsnorm, den Normalfall vor Augen, nicht einbeziehen und nicht aussagen.

In einem Ausnahme-Fall (lehrt *Aristoteles*) müsse man so

---

35 Nikomachische Ethik V, 10; Super Ethica 379-387; Summa Theologica I-II q. 96; II-II q. 120.- In *Messners* Ethik (1955) findet Epikie nur marginale Beachtung (S.272). Allgemeine Normen müssen aber hermeneutisch mit der individuellen Situation vermittelt werde. Dazu etwa *Dutt*, Gadamer im Gespräch, 66. 70

36 Zit nach *Fries* (1987)

entscheiden, wie der Gesetzgeber entscheiden würde, wüsste er von diesem Fall, oder wie er entschieden hätte, wenn er den Fall hätte voraussehen können. In Ausnahme- (Not-) Fällen, wo sofort entschieden und gehandelt werden muss, wird jemand, der wie alle unter dem allgemeinen Anspruch der Gerechtigkeit steht, zum Gesetzgeber in eigener Sache. Denn "die Not unterliegt nicht dem Gesetz".

Den Normalfall im Blick hat z.B. das 8. Gebot "Du sollst kein falsches Zeugnis geben!"

In Ausnahmefällen kann ein falsches Zeugnis aber Menschenleben retten: wenn jemand in seiner Wohnung eine unschuldige Person versteckt, die wegen ihrer Rasse oder Religion von Staatsorganen oder einem Mob verfolgt wird und nur dann unversehrt bleibt, wenn ihr Beschützer auf Nachfrage verneint, dass sie bei ihm Zuflucht genießt. Die Aktualität dieses Beispiels ist unbestreitbar. Allerdings wollen viele Theologen Epikie nur für den menschlichen, nicht für den göttlichen Gesetzgeber gelten lassen: "Das positiv göttliche Gesetz ist vom Herrn für alle Zeiten und Völker gegeben und im allgemeinen auch für jeden erfüllbar". [37]

"Im allgemeinen für jeden erfüllbar" meint Menschen, die gesund, bei Verstand, normal erzogen, mündig sind. Dabei setzt man politisch-ökonomisch friedliche, zivilisierte Verhältnisse voraus. Die ungenannte Begründung dürfte etwa lauten: Epikie ("Vollgerechtigkeit") ist auf *göttliche* Gesetze nicht anwendbar, da der göttliche Gesetzgeber, anders als Menschen, auch die unzähligen Einzel- und Sonderfälle in seinem Geist gegenwärtig habe und sie in den von ihm erteilten Normen von vornherein berücksichtigt. Gott fordere nichts Unmögliches.

Epikie und Bibel

Albert und *Thomas von Aquin* nähern sich hier *Heraklit*: Die durch die Zehn Gebote ausgedrückte Gerechtigkeit sei unwandelbar, wandelbar aber sei deren Anwendbarkeit oder ´Passung`, also die Frage, welche Handlungen *situativ* als Mord, Ehebruch, Diebstahl usw. zu qualifizieren sind. [38]

---

37 *Mausbach/Ermecke,* Katholische Moraltheologie I, 151
38 Summa Theol. I-II q. 100 a.8 ad 3; vgl. *Albert*, Super Ethica p. 383-384. 386; s.a. z.B. *J. Gründel*, 98-114.

Jesus etwa heilt einen Aussätzigen, obwohl diese Leute als von Gott gestraft (Num 12.9f; 2Sam 3,29), exkommuniziert (Lev 13,45f) und unberührbar galten. Jesus aber, ihn anrührend, heilt ihn (Mk 1,40ff Par). Indem er den Unberührbaren berührt und so heilt, "übererfüllt er das Gesetz", da die erwähnten negativen Bestimmungen die Lebensordnung der Gesellschaft schützen wollen und Jesus mit der Heilung eben diesen *Sinn* der ausgrenzenden Normen erfüllt.[39]

Albert sieht *auch göttliche* Gebote nur begrenzt anwendbar, benennt Ausnahmefälle, auch biblische. Sturer, keine Ausnahmen erkennender Buchstabengehorsam, erklärt er, sei ein Fehler sowohl bei menschlichen wie *bei göttlichen* Gesetzen.

Er zitiert ein Beispiel aus *Aristoteles*: ein Patriot, der sich an die Frau eines Tyrannen heranmacht, um dessen Eroberungspläne zu erfahren und seine Heimat zu retten, bricht das sechste Gebot. *Albert* setzt das Aristoteles-Beispiel in freie Parallele zur Tat *Simsons*, der gegen göttliches Verbot (Dtn 7,2ff; dazu 21,10ff) eine Philisterin freit, um in die Reihen der Philister einzudringen und sie zu bekämpfen (vgl. Ri 14-15).[40]

Albert deutet die Parallele nur an. Für die Bibel ist es aber Gott selbst, der *Simsons* Fremdheirat fügt, damit gegen sein eigenes Verbot verstößt, doch zu dem Zweck, die Reinheit Israels gegen das Fremdvolk der Philister zu wahren (Ri 14,4). Auch hier gilt: *Simson* bricht das Verbot dem Buchstaben nach, handelt aber in dessen Geist. Er tut es unter Führung Gottes, des Gesetzgebers, der hier zeigt, dass der *Geist* seiner Gebote (auch der negativen!) über dem Buchstaben steht.

Nun geht es hier ja auch um den Bruch der Ehe des Tyrannen. Auch dessen Ehe ist - unabhängig davon, was der Tyrann mit oder ohne seine Frau an politisch-militärischen Plänen ersinnt - in der Schöpfungsordnung eine Gabe Gottes, deren Bruch nach Jesu Wort der Schöpfer *nicht* will. Das Beispiel ist bei *Albert* nicht ganz ausgeführt. Doch kann man situativ hier eine Güter- oder Werte-Kollision sehen: Respektierung der Tyrannen-Ehe unter allen Umständen, ausnahmsloser Buchstaben-Gehorsam wäre absurd, wenn sein Preis der Verlust der Heimat, der Freiheit und vieler Menschenleben wäre. Vom "Prinzip der Doppelwirkung" her betrachtet,[41] hätte *im kon-*

---

39 Super Ethica p. 381; Super Matth. 8,3
40 Super Ethica I. 5 tr. 4 c. 1
41 Vgl. *P. Knauer,* Negative und affirmative Gebote, in: Handlungsnetze, 59-69. 76ff

kreten Fall unbedingte Respektierung des Gebots "Du sollst nicht ehebrechen" neben dem Schutz der Tyrannen-Ehe die Wirkung, den Tyrannen ungestört, ohne Gegenwehr der Betroffenen seine Eroberungspläne verfolgen zu lassen. Es wäre absurd, dem Verbot zu folgen, die Frau des anderen zu begehren, falls der Ehebruch (wegen konkreter Umstände, Zeitnot) der *einzige* und *sichere* (!) Weg wäre, ein viel größeres Übel zu verhindern. Tolerierung des viel größeren Übels oder Schadens wäre in diesem Fall nicht Sinn der Wahrung von Gerechtigkeit und Gemeinwohl.[42]

Die Abweichung von Regel und Normalität ist im bekannten Gleichnis vom Vater und seinen zwei Söhnen noch gesteigert: indes der ältere Sohn des Vaters im Haus bleibt und eifrig seine Pflichten gegen Gott und Vater erfüllt, weicht der jüngere Sohn ab von der Norm für Söhne (4. Gebot), entwickelt provozierende, den Vater verletzende Energie so lange, bis er in Lebensgefahr gerät. Als er wieder Anschluss sucht, unterbricht der Vater, der ihn nie aus seiner Sorge gestrichen hatte, den Normalbetrieb, beraumt ein Fest an, um dem Sonderfall gerecht zu werden, den sein jüngerer Sohn darstellt (Lk 15,11-32). Bezeichnenderweise nimmt der ältere, fromme Sohn Anstoß an diesem Fest *ad hoc*. In seinen Augen hätte *er* ein solches Fest verdient, indes der Jüngere (so denkt wohl der Ältere) einen Platz im Haus bestenfalls als Tagelöhner hätte einnehmen dürfen, wie jener sich beim Entschluss zur Heimkehr auch einschätzte. Wiederaufnahme als "Sohn" hätte eine lange Bußzeit und Wieder-gutmachung benötigt. Der Gleichnis-Erzähler Jesus deutet diesen Gedankengang aber nur an, weil er dem "Vater" fern liegt.

Der Gott der Bibel offenbart sich in *Gleichnissen*, Bildern, Analogien und tritt dahinter zugleich in letzte Unfassbarkeit zurück. Jesu Wort "der Vater ist größer als ich" (Joh 14,28) deutet es an.

---

42 Die vier Kardinäle *Brandmüller, Burke, Caffarra und Meisner* meldeten unter Datum vom 19. September 2016 öffentlich Zweifel ("dubia") an der Lehre der päpstliche Enzyklika "Amoris Laetitia" an u. rekurrierten u.a. auf eben jenes aristotelische Beispiel, mit der Variante "Geheimagent" (anstelle des Patrioten) und "Terrorist" (anstelle des Tyrannen). Unter Berufung auf Papst *Johannes Paul II.* und sein Rundschreiben "Veritatis Splendor" widersprechen sie *Aristoteles* und *Albertus Magnus*, denn die gute Absicht (Rettung des Vater-lands) verändere nicht das Wesen der "in sich schlechten", daher verbotenen Handlung (Ehebruch). Doch Thema von "Amoris laetitia" ist nicht, ob es eine "in sich schlechte Handlung" gibt (eine kontroverse Frage), sondern ob eine solche Handlung ihren Urheber auch automatisch in objektiv schwere Schuld stürzt - was die Enzyklika verneint.

Die Gebote als "gebrochene Strahlen" des göttlichen Gesetzes

Für *John Henry Newman* sind Gottes Gebote "die gebrochenen Strahlen des unteilbaren Gesetzes Gottes".[43]

Das ungeteilte *Gesetz* Gottes ist geteilt, gebrochen, sobald es im endlichen Menschengeist - im Gewissen oder in begrifflich-verbaler Form - zum Ausdruck kommt.

Ethische Normen zwingen zwar nicht, wie Naturgesetze, doch üben sie durch das (geübte) Gewissen merklichen *Druck* aus. Normen gelten für endliche Intelligenzen, bei denen *Sein* und *Sollen* nicht weithin zusammenfallen wie bei unter-menschlichen Geschöpfen. Da aber jedes Geschöpf, auch der Mensch, nur ist, indem er zugleich tätig ("*wirk*lich") ist und so mit anderen Geschöpfen in Kontakt kommt, stößt er bei Mitmenschen an eine unsichtbare Schranke, die in Worte gefasst sagt:

Rühre nicht an das, was ihm oder ihr gehört!

Das heißt, die Gebote sind für Menschen in ihrer Unsicherheit und Unerfahrenheit Orientierungshilfen in einer zunächst unbekannten Welt.

Schaut man auf die unvorstellbar komplexe, *fließende* Wirklichkeit, Entwicklung und Geschichte, auf Varietät und Spezifität so vieler Dinge in Welt und Leben, sind allgemeine Normen aber nur erste Konzepte und Instrumente für den unkundigen Menschengeist, um die unüberschaubare Wirklichkeit notdürftig-vorläufig in eine schematische Ordnung zu bringen und sich so zu orientieren. Das Schema "allgemeine Norm" trägt in die Welt der Dinge und Vorgänge eine *schlichte* und vorläufige Unterscheidung *Allgemein – Einzeln/Konkret* ein. Gesetze, Normen sind Geh-Hilfen für Menschen in der verwirrend komplexen Welt.

Aber Gott denkt nicht, hat nicht nötig zu denken auf solche Art. Das demonstriert Jesus immer wieder neu, wenn er Menschen rettet, die durch das Sieb von Gesetzen gefallen sind oder zu fallen drohen (Kranke, Behinderte, Ausgestoßene, Sünder, Wehrlose), indem er sie heilt und ihnen Gottes Vergebung zuspricht. Die Gebote sprechen also nicht alles aus, was Gott an Menschen wichtig ist. Es sind, wie die Evangelien anschaulich machen, häufig menschliche Einzelschicksale, die Jesus gegen ´blinde` Anwendung allgemeiner

---

43 *J.H. Newman,* Zustimmungslehre I Kap.5; II Kap.10 § 2.

göttlicher Gebote in Schutz nimmt. Als *allgemeine* abstrahieren sie vom Reichtum der Vorgänge, Vorkommnisse, Schicksale und Wunder - wie in der Natur, so auch - im Menschenleben.

Absolut ist des Schöpfers Wille nur *in* ihm selbst. Wenn sich Gottes Wille in menschliches Denken ´entäußert`, nimmt er die Form eines - verbindlichen - Gesetzes an, das die grobe Fassung einer *allgemeinen* Weisung erhält, die *als solche* nicht imstande ist, die Vielfalt des Lebendigen und seiner ´Fälle` einzufangen. Die Allgemeinheit einer sittlichen Norm vermittelt zwar den Willen Gottes, aber nur begrenzt. Denn der Schöpfer will auch Vielfalt und Reichtum aller einzelnen Lebewesen und Menschen. Von deren nicht-allgemeiner Besonderheit abstrahiert aber die Norm. Das erkannte auch *Thomas von Aquin*: In der Ethik gebe es nur die wenigen allgemeinen Grundregeln in Bezug auf die Gerechtigkeit, wie sie in der zweiten Tafel des Dekalogs vorliegen; ihre Anwendung aber auf das Veränderliche, nämlich auf die teils typischen, teils atypischen Einzelfälle des vielfältig variierenden Menschenlebens ist begrenzt und fehlbar (S. th. I - II q. 100 ad 3).

Dies trifft sich mit einer bei *Cusanus* und *Leibniz* formulierten Einsicht: Gottes Wille, der sich ins Endliche entäußert, erscheint zwangsläufig gebrochen, fragmentiert, undeutlich, unfertig u.ä. (ähnlich einer unendlichen Geraden, die, wenn sie endlich wird, einer Krümmung unterliegt).

Der Vorrang des Allgemeinen im abendländischen und kirchlichen Denken

Man hat hier trotz der Einschränkungen, auf die *Aristoteles*, *Albert* und *Thomas* hinweisen, lange kein Problem gesehen. Man statuierte einfach: Was der Schöpfer allen gebietet, gebietet er auch jedem einzelnen, und was er vom einzelnen Menschen erwartet - dass er z.B. die Ehe nicht breche, kein falsches Zeugnis über einen anderen ablege -, erwartet er von allen.

Das Sittengesetz fordere "vom Menschen nur, sein wesenhaftes, in seiner Natur vorgezeichnetes Selbst zu sein".[44] Daraus schließen viele, die gottgewollte Individualität des Menschen erfülle (vollende) sich in seinem freien Ja - oder verfehle sich im Nein - zu Gottes

---

44 *Messner* (a.a.O.), 53; damit sei auch klargestellt, was "Persönlichkeitsethik" bedeutet: ebd., 104; Ähnlich *J. Pieper,* Begriff der Sünde, 49f

Gesetz (zum sittlich Allgemeinen). Der Schöpfer gebiete den einzelnen nur, *Mensch* zu sein, also der Berufung zum Mensch-sein zuzustimmen. Nicht aber gelte es, darüber hinaus *dieses* menschliche Individuum, dieses "Ich" zu sein.

Diese Sicht scheint schon die Bibel nahezulegen. Die zehnfache Weisung, Kern der Bundessatzung, redet im bekannten "du sollst" nicht den einzelnen an, sondern Israel, das Bundesvolk, wird daher eingeleitet mit "Höre, Israel!" (Dtn 5,1; 6,4) und der Mahnung, dass "JHWH, dein Gott, *dich* aus Ägypten geführt hat" (Ex 20,2; Dtn 5,6). Die Bibel redet zunächst *generisch*: *Israel* soll keine anderen Götter haben, den Sabbat heiligen, Vater und Mutter ehren ... Israel, Adam, Mann, Frau usw. sind Kollektiv-Begriffe. Die primären Bezeichnungen sind auch in der Bibel Art- und Allgemein-Begriffe.[45] Auch der Mensch wird zuerst als das gesehen, was an ihm *typisch* ist: z.B. als "Fleisch", d.h. schwach, hinfällig.

Generisches Denken auch bezüglich des Menschen fand die missionierende Kirche in der Antike vor. Altgriechisches Denken entwickelte die Metaphysik, und sie wurde nur möglich durch "die Entdeckung des Allgemeinen", welche durch *Sokrates* angestoßen worden war.[46] Im Rahmen metaphysischen Denkens steht für *Platon* und die griechisch-römische Tradition das Gemeinwohl höher als Privatinteresse. Zur Sicherung dieser *Vor*-Ordnung brauche es Ordnung und Gesetze.

Diese den Vorrang des Allgemeinen betonende Weltanschauung bestimmt - über Zwischenstufen - auch die neuzeitliche Philosophie. Sie prägt insbesondere die Theorie der meisten Naturwissenschaften: ausgehend vom *Besonderen*, d.h. von *einzelnen* Beobachtungen oder Fakten, sucht man auf ein *Gesetz* zu kommen; ist es gefunden, verliert das *einzelne* (beobachtet oder gemessen), von dem man ausgegangen war, an Interesse und Bedeutung.

Der Vorrang *des Allgemeinen vor dem Besonderen* bildet auch die *Grundlage* traditioneller christlicher *Ethik*. Vor dem Gesetz - dem natürlichen und übernatürlichen Sittengesetz - sind alle Menschen gleich. In dieser Hinsicht scheint es unter ihnen nicht qualitative, nur quantitative Unterschiede zu geben. So wie *Herakles* mit seinen zehn (bzw. zwölf) "Arbeiten" auf der Bahn der Tugend ein Held des

---

45 *Th. Boman*, Das hebräische Denken, 56f; *H.W. Wolff,* Anthropologie des AT, 40ff

46 *G. Martin*, Allgemeine Metaphysik , 7ff

Quantitativen ist, beurteilt auch die Kirche ihre ´Helden` nach dem "besonders heroischen *Grad*" der von ihnen geübten christlichen Tugenden.[47] Diese christlichen ´Helden` quantitativer Art sind jedoch erfreulicherweise nicht selten auch originelle Persönlichkeiten, was kirchliche Strategen als nützlich-attraktive Ausschmückung zwar akzeptieren, aber auch dankend relativieren (gemäß der schwäbischen Redensart "des wär` aber net nedig gwä!").

Denn für traditionelle Anthropologie und Wesensethik ist solche Originalität - wie etwa die des von *Goethe* bewunderten Heiligen *Philipp Neri* - buchstäblich *un*wesentlich. Nachzuahmen war die wesentliche, für alle gültige Leistung. Denn philosophisch galt das Individuum als nicht definierbar, war es doch in aristotelisch-thomistischer Sicht beinahe nichts, nur eben eine flüchtige Raum-Zeit-Stelle des Mensch-Wesens. Wesentlich war das *Mensch*-sein, *un*wesentlich die Individualität, unwesentlich das Einzelschicksal.

Wer heutige Weltanschauung bedenkt, die mit *Heraklit* das Bewusstsein pflegt, in einer *fließenden* Wirklichkeit zu leben, wo alles sich rasch ändert, weiter entwickelt, könnte schließen, dann verschwinde ja das Individuum erst recht wie ein Wellenschlag oder Schaumbild in der Brandung. Doch der Eindruck täuscht; denn das Fließen konkretisiert sich weiter als Entwicklung und Geschichte. Für Christen ist diese Erweiterung eine Lebensfrage, sogar Überlebensfrage.

Das Schicksal des *einzelnen*, auch jenes, der am Rand oder *neben* der Gesellschaft Israels existierte, ja vegetierte, brachte *Jesus* im Rückgriff auf die Sozialgesetzgebung zwar wieder in den Blick. Doch konnten seine Initiativen zugunsten anormaler Individuen das vorherrschende, bequemere Denken in Kategorien des Allgemeinen nicht entscheidend erschüttern, wie der Widerstand der religiösen Autoritäten und Frommen bewies. Schwerpunkt von Jesu Sendung blieb ja Israel, freilich ein durch Achtsamkeit auf Einzelschicksale (vgl. Ez 34) bereichertes, erneuertes Israel. Doch der Vorrang Israels, der Vorrang der Majorität, später der Gemeinde, der Kirche, der Vorrang somit der Lebensgesetze des ´Kollektivs` und seiner Führung erschienen weiterhin selbstverständlich. – Für logisch-systematisches Denken hat das Individuum den Rang einer *quantité négligeable*: es musste *normal* sein, sonst war es nichts. Nicht zuletzt diesem Vor-Urteil verdankte Jesus das Kreuz. Zwar wusste

47 Katechismus der Katholischen Kirche Nr.828

christliches Bewusstsein, dass der einzelne durch die Taufe eine höhere Weihe und Wertigkeit empfing. Aber diese Einsicht war in die antike und mittelalterliche Gesellschaftsordnung so wenig übertragbar wie die Abschaffung der Sklaverei. So verkündete die Kirche Vollendung und Seligkeit des einzelnen erst im Himmel und pries auf Erden den Verzicht auf eigene Wünsche und Rechte als Tugendweg des "Pilgerstandes".

Die Entdeckung des menschlichen Individuums

Dennoch begann man allmählich, das menschliche Individuum auch diesseitig zu entdecken. Schon *Aristoteles* und *Thomas von Aquin* sahen in der Geist-Seele "gewissermaßen das All". *Nikolaus von Kues* führte den Gedanken weiter: in jedem Geschöpf ist auf je einzigartige Weise das All kontrahiert gegenwärtig; in seiner Eigenständigkeit hat es teil an der obersten oder "allerersten Einheit (Monade)". So erhält auch das Individuum Mensch eine einzigartige Würde: da jedes auf seine Weise Gott und Welt in sich birgt, soll es *sich* aus- und entfalten. *Leibniz* nahm das auf: In der ursprünglichen Dynamik (Entelechie) jeder Monade (Einheit) spiegle sich Gottes Erkenntnis und Wille. So sei erst das und der Einzelne ein *Voll*-Begriff des jeweiligen Wesens - auch des Menschen -, indes die Allgemeinbegriffe unvollständig und abstrakt seien, also ein Minus an Wirklichkeit hätten. Zum Vollbegriff des einzelnen Menschen gehöre die ganze Lebensgeschichte - eine dynamische und geschichtliche Sehweise. Diese Sicht, die den Menschen als "offenes System" begreift, sodass er gewissermaßen das Universum enthält, findet sich inzwischen auch in einer päpstlichen Enzyklika ("Laudato si`").

Gegen den spekulativen Totalitarismus von *Hegel,* der wieder das Allgemeine dem Besonderen überordnete, stellte auch *Kierkegaard* den Einzelmenschen heraus: als Verhältnis von Geist und Körper, von Ewigem und Zeitlichem, ein Verhältnis, das *sich zu sich selbst* - und darin, bewusst-unbewusst, sich *zu Gott* verhält. Darin liege die Besonderheit menschlicher *Existenz.* dass der Mensch "mehr ist als die Art", dass es auch seine "Vollkommenheit ist, der Einzelne zu sein".

Darum bestimmte er als Gegensatz zur Sünde nicht die Tugend, sondern den *Glauben.*[48]

Diese Sicht wirkte weiter auf *Romano Guardini:* er bestimmte das *Verhältnis zu sich selbst* als Grundbegriff der *Person* und erkannte in diesem Selbst-Verhältnis die menschlich-religiöse Aufgabe der "Annahme seiner selbst" vor Gott.

Im Protest gegen katholische Normen-Ethik entwarf *Jean Paul Sartre* parallel dazu den Existenzialismus: nicht der Schöpfer, sondern das menschliche Subjekt selber erschaffe sein Wesen. Beim Menschen gehe die Existenz der Essenz/dem Wesen voraus, nicht umgekehrt (wie in christlicher Metaphysik).

In Frontstellung gegen den dominierenden Essentialismus sahen nun auch Theologen das Bedürfnis für eine *Existenzial-Ethik* neben der Essential-Ethik. Da dem Menschen "individuelle Ewigkeit" beschieden sei, gelte es, neben den sittlichen Prinzipien, die für alle gelten, auf "Imperative" zu achten, die die *individuelle* christliche Existenz anrufen (Imperative, nicht nur "geistliche Räte"). Hier bahnte sich eine neue Sicht von grundsätzlicher Bedeutung an. Die in der zweitausendjährigen Kirchengeschichte wie selbstverständlich angenommene Vorordnung des Allgemeinen vor dem Individuellen, des Wesens vor der Existenz wird relativiert. Anstelle der Vorordnung des einen vor dem anderen legt sich eine – zu balancierende – Gleichrangigkeit nahe, die daran erinnert, dass (wie schon im Talmud) die Not ein Gesetz oder Gebot dem Leben des Einzelnen unterordnet. Bedenkt man zudem die liebende Sorge des "Vaters" auch für das Geringe und Kleinste, erst recht Gottes geschichtlich einmaliges Engagement zugunsten des ohnmächtigen *Individuums* Jesus am Kreuz, muss die Folgerung gewagt werden: Nie das Allgemeine über den Leichen einzelner Menschen aufrichten! Hat Gott doch das Schwache in der Welt erwählt, das Niedrige und das Verachtete, um das Starke zu beschämen (vgl. 1Kor 1,26ff). Darum braucht es ethischen Raum für die gottgewollte Individualität des Menschen, der, persönlich von Gott berufen und geführt, einen Weg geht, der aus allgemeinen Normen allein, die für alle Christen gelten, nicht ableitbar oder beurteilbar ist, zu dem aber die "Unter-

---

48 Die Krankheit zum Tode II A Kap.1; B B Anm. Mag Kierkegaard damit auch an *Martin Luther* erinnern, geht es hier doch wesentlich um den Unterschied Existenz - Essenz.

scheidung der Geister" in den Wahl-Regeln des *Ignatius von Loyola* hinführt.[49]

Anthropologisch gesprochen: Weil die einzelne Person nicht schon identisch ist mit "Mensch" als Artbegriff und unter individueller Berufung steht, kann der Schöpfer eine Verfehlung gegen das Mensch-sein, gegen die (Mensch-) Natur vergeben. Der Schöpfer will den Menschen nicht bloß als Exemplar der Spezies Mensch, sondern – darüber hinaus – als personal-einmaliges, mit Selbst-Wert beschenkte menschliche Person. So gilt es, den Menschen "in seinem nicht aus der Art ableitbaren Eigenwert" sehen zu lernen, der nicht weniger als das allgemeine Mensch-sein "unter dem verpflichtenden Willen Gottes" steht; Gottes Wille, der sich auf *diesen* individuellen Menschen bezieht, gehört ebenso "zum Inhalt der konkreten sittlichen Forderung", die Gott an den Menschen stellt.

Herkömmliche Spiritualität jedoch verallgemeinert und vereinfacht hier oft rigoros. Sie neigt dazu, subjektive Regungen und Antriebe zugunsten des Allgemeinen abzuschneiden: der geläuterte Christ müsse alles "Selbstische" überwinden (Selbst-Hass) und sich (etwa als Weihe-Kandidat) wunschlos "der Kirche" zur Verfügung halten. Was Gott von ihm wolle, erfahre er durch den Ruf der zuständigen kirchlichen Instanz. Diese Gleichsetzung des Selbstes mit dem "Selbstischen" entspricht noch dem antik-mittelalterlichen Konzept von Christ sein. Zudem wird übersehen oder ignoriert, dass personal Glaubende und Gott-Sucher auch ihre *Lebenserfahrungen* als *fortwährende Exerzitien* erleben und Gottes Ruf sich ihnen in Begegnungen, Rückmeldungen und sich klärenden Erkenntnissen unmissverständlich verdichten kann.

Die traditionell nivellierende Sichtweise ist auch noch wirksam im Personalismus von Papst *Johannes Paul II.* Zustimmend zitiert er - im Rahmen seiner Konzeption "Person und Tat" (von 1969) - den Satz des Konzils: der Mensch ist die einzige um ihrer selbst willen gewollte Kreatur, die sich selbst nur durch aufrichtige Hingabe ihrer selbst finden kann (Kirche in der Welt Nr.24).

Wo aber die Hingabe fehlt, erliege man dem egoistischen Streben nach Selbstverwirklichung.[50]

---

49 *K. Rahner,* Prinzipien und Imperative, in: Das Dynamische, 18; Die Logik der existentiellen Erkenntnis bei Ignatius v. Loyola (a.a.O.),74-148; *K. Fischer,* Gotteserfahrung., 47-64; 23. *F. Böckle,* Moral 17. 81

Auf dieser Grundlage versagt der Papst in der Enzyklika *Familiaris Consortio* (von 1981) nun - wie seine Vorgänger - Wiederverheiratet Geschiedenen und bloß zivilrechtlich Zusammenlebenden den Zugang zu den Sakramenten Buße und Kommunion (ebd. Nr. 84 bzw. 82). Zentrale Begründung: "ihr Lebensstand und ihre Lebens-verhältnisse" stünden "in objektivem Widerspruch zu jenem Bund der Liebe zwischen Christus und der Kirche, den die Eucharistie sichtbar und gegenwärtig macht". Daraus lässt sich wohl nur schlie-ßen, dass der Papst jenen Christen unbesehen fehlende Hingabe unterstellt, wie er es ausdrücklich bei jenen tut, die verhüten (ebd., Nr.32). Dies zeigt aber auch: sein Personalismus bleibt auf dem Niveau des Allgemeinen (der Person *als solcher*): die Hingabe einer Person läuft hinaus auf Hingabe an das Allgemeine - die allgemein menschliche, personal verfasste Natur!

Diese Sicht ähnelt dem Blick, den Touristen auf den *Pont du Gard* werfen, der als steinerner Rest beziehungslos in der bewegten Lebenslandschaft der Provence steht.

Die individuelle Gottes- und Glaubensgeschichte einzelner oder eines Paares ist außer Betracht, sie wird behandelt wie eine fremde Währung, mit der man sich in der Kirche ´nichts kaufen` kann. Hier kann und will ignatianische Spiritualität den Blick weiten.

Geistliche Übungen für die Findung der eigenen Person

Als spezielles Training mit Methode bieten die Geistlichen Übungen des *Ignatius* das "Modell eines Individuations-Weges" (*Albert Görres* [51]): beispielhaft die "Betrachtung zur Erlangung der Liebe" (4. Woche). Gemeint ist die Liebe des Schöpfers, die sich spiegeln will in der persönlichen Bereitschaft des Suchenden und in dessen Gebet "Nimm dir, Herr, meine ganze Freiheit ...verfüge [über mich] nach Deinem ganzen Willen, gib mir deine Liebe und Gnade, das ist

---

50 *Johannes Paul II.,* Die Schwelle der Hoffnung überschreiten (Hamburg 1994), 222-228. Ähnlich z.B. im Rundschreiben "Salvifici doloris" (11.2.1984), das einschärft, der Mensch werde "vollkommen" nur durch "aufrichtige Hingabe seiner selbst" z.B. "barmherziger Samariter" (L`Osservatore Romano in dt. Sprache Nr 7 vom 17.2. 1984)

51 *A. Görres*, Ein existentielles Experiment - Die Psychologie der Exerzitien des Ignatius von Loyola, in *ders.*, Grenzen der Psychoanalyse, 115-151

mir genug".[52]

Die Methode enthält zudem die Erfahrung, dass Gott "den Willen so bewegt und an sich zieht, dass eine Ihm ergebene Seele, ohne zu zweifeln oder auch nur zweifeln zu können, dem folgt, was ihr [von Gott] gezeigt wird" (nr. 175).

Die für Gott offene "Seele"/ Person, in Liebe zu Gott hingezogen, empfängt darin unvergleichliche Tröstung, wie sie kein innerweltliches Gut spenden kann (nr. 316), unterbrochen freilich auch von Momenten der Trostlosigkeit, wenn Störungen im Hingabe-Willen auftreten (nr. 317-327). Öffnung für Gottes Willen bezüglich des eigenen Ich ist ja keine einmal für immer erworbene Tat, sondern ein mühsamer (wochen-, eigentlich lebenslanger) Prozess, der geistlich erfahrene Begleiter benötigt, um die verschiedenen Antriebe zu unterscheiden.

Die Chance, eine einer Person von Gott gezeigte, individuelle Wahl zu treffen, ergibt sich aus dem Fundament spiritueller Anthropologie. Das Gewissen - *Viktor Frankl* nennt es das eigentliche Sinn-Organ[53] - ist auch der Tastsinn für das individuell Richtige, das von Gott Gewollte. Schon *Origenes* kennt einen den Christen *geschenkten* "Sinn für Gott", den *Pascal* so artikuliert: "das Herz erspürt Gott, nicht der Verstand": das Herz mit seinem "Fein-Sinn" (esprit de finesse), angeregt durch Begegnung mit Gott. Bewogen durch eigene Erfahrung, nimmt *Ignatius* diese namhafte Tradition auf (nr.330). Auch heutige Autoren greifen sie auf: "Ich selbst in der Gesamtheit meiner Bestimmungen ... bin ein Ruf Gottes", oder: "Der tiefsten Bedeutung nach" ist Gottes Wille "in der Ausrichtung meines Lebens ... meine unwiederholbare *Einmaligkeit*, der 'Name`, bei dem Gott mich ruft - das heißt mein wahrstes und tiefstes Selbst, meine Persönliche Berufung".[54]

In diesem ganz individuell-persönlichsten Sinn ist jeder Mensch in der Tat "unaussprechlich" (*ineffabilis*), aber nicht wegen seiner bloß numerisch-individuellen Raum-Zeit-Stelle, als vielmehr wegen seiner einzigartig gefüllten, vom Verallgemeinerbaren nahezu unendlich entfernten, auch dem empathischen Fremdurteil kaum zugänglichen Besonderheit und Individualität.

---

52 Die Exerzitien (dt. Einsiedeln 1964), nr. 244
53 *V.E. Frankl,* Der unbewusste Gott, 85-88;
    ders., Der Mensch auf der Suche nach Sinn, 119ff
54 *Greshake*, Gottes Willen tun, 57; *Alphonso*, Die Persönliche Berufung, 14

"Bis der Tod euch scheidet"

Diese Perspektiven haben Gewicht auch für die heute stark gefährdete Ein-Ehe.

Geht eine Ehe zu Bruch, wird der Bruch gewohnheitsmäßig dem *Versagen* eines oder beider Partner zugeordnet: Das sechste Gebot verbietet Ehebruch, und die Eheleute ´verewigen` den Ehebruch, wenn sie eine neue Ehe mit neuem Partner eingehen. Weil sie den Ungehorsam gegen Gott zementieren, lehrt man, seien sie dauerhaft dem Schöpferwillen entfremdet.

Auf diese schlicht-allgemeine Ebene gehoben, enttäuscht diese Auslegung viele Betroffene: ihr Gewissen spricht nicht nur abstrakt, sondern reagiert auf die verwickelte, individuelle Paar-Geschichte. Angesichts der Komplexität des Menschenlebens und seiner Schicksale ist die übliche absolute Vorordnung des Allgemeinen vor persönlichen Entscheidungen und Schicksalen kaum verständlich. Denn die Ehe, ursprünglich auf Dauer angelegt, hängt, zumal wo Kinder vorhanden sind, oft entscheidend ab von materiellen Bedingungen. Krisen wie anhaltender Verlust von Einkommen, Berufs-, gar Erwerbsunfähigkeit nach Erkrankung oder Unfall können das einmal gegebene Ja zermürben. Erst recht können Katastrophen oder massive Kriegsereignisse über Kraft und Konstitution Betroffener gehen, das Miteinander aushöhlen, zumal sie auch die Persönlichkeit oft erheblich verändern und die Eheleute zu einander Fremden machen. Als bedrohlich erlebte Belastungen können in Verzweiflung ("rette sich, wer kann!") münden, wenn Abhilfe und Beistand ausbleiben oder nicht in Sicht sind, können Liebe in Widerwillen, ja in Hass verwandeln.

Die Schicksale z.B. der Soldatenehen in und nach dem Zweiten Weltkrieg bieten reiches Anschauungsmaterial. Es gibt fromme Gemüter, die, selbst bewahrt vor derlei Einbrüchen, Betroffenen vorhalten, sie hätten wohl nicht genug gebetet. Vielleicht haben die Betroffenen in ihrer Not mehr gebetet als jene Frommen.

Der Glaube kann aber auch Realitäten selten überspringen: die Erhörung von Gebeten geschieht in der Regel über die *Eigengesetzlichkeit* und Zuständigkeiten der Welt, wozu auch der Zeit-Faktor gehört - man denke an großflächige und anhaltende Missstände oder Krisen. Und auch hier gilt "Not kennt kein Gebot", wenn der freie Wille durch die Priorität der Selbsterhaltung aufgesogen wird.

Betroffenen geht es oft nur noch darum, irgendwie zu über-leben. Zwar kennt man bewegende Beispiele von Menschen, deren Ehe etwa den "psychischen Tod" (z.B. unheilbare Geisteskrankheit) oder den "zivilen Tod" (Partner vermisst) überstand. Doch oft gehen derartige Schicksale über die Kraft des Partners, der Partnerin. In solchen Fällen fand die Kirche früher auch schon ebenso realistische wie barmherzige Lösungen.[55] Der Tod hat mehrere Gesichter und Gestalten.

Sittliche Normen und der Schöpferwille gelten ja nie abstrakt, sie sind gebrochen und spezifiziert auch durch konkrete Bedingungen, unter denen Menschen leben müssen, an die sie sich richten. Menschen, die den Schöpferwillen, Glück und Sinn von Ehe und Familie grundsätzlich bejahen, aber extremen Belastungen nicht gewachsen sind, empfinden den doppelten Bruch (Bruch des Gebotes, Bruch der Partnerschaft), leiden unter ihrer Ohnmacht, ihrem Unvermögen, fühlen sich schuldig, weil nicht in Einheit mit Soll und Sinn von Ehe und Familie. Sie wollten die Entwicklung nicht, fühlen sich aber ohnmächtig, den Gang der Dinge aufzuhalten oder anders zu steuern. Auch wo sich Partner ihres schuldhaften Beitrags zum Zerwürfnis bewusst sind, müssen sie nicht selten erleben, dass der (mit-)verschuldete Riss irreversibel, die Ehe nicht zu retten ist.

Ihnen mag es oft ergehen wie *Paulus*, der klagt, dass er nicht tue, was er eigentlich will, das Gute, sondern tue, was er nicht will, Böses. Und er entdeckt, dass er im Innersten Gottes Gesetz zustimmt und zugestimmt hat, aber in der Welt der Fakten, der Stürme, wo vielleicht "alles ins Rutschen kommt" ("alles fließt"), wo er mitgerissen wird, einem anderen Gesetz folgt (Röm 7,15.19-25). Doch die Rettung, die Gott in verzweifelter Lage bereit hält, ist Christus (Röm 8,31-39).

Aber Christus hat doch (widersprechen andere) die Hartherzigkeit derer scharf getadelt, die ihrer Frau einen Scheide-Brief ausstellten, da sie an ihr "etwas Anstößiges" fanden (Dtn 24,1-4). Mose habe nur auf ihr hartes Herz reagiert, Scheidung gehorche nicht dem Schöpfer-Willen. An einer von Gott gestifteten Bindung sei unbedingt festzuhalten.[56] Die Jünger sind bestürzt. Doch Jesus legt nach, bekräftigt die Rede (Mk 10,2-12). Allerdings fügt er an, den so

---

55 *B. Häring,* Ausweglos?, 50ff

56 Konzil von Trient, sess. VI Cap. 11; can. 18 bedroht mit Ausschluss jene, die behaupten, Gottes Gebote zu erfüllen sei auch mittels Gottes Gnade unmöglich.

erklärten Willen Gottes könne nur fassen, "wem es gegeben ist" (von oben: Mt 19,11; vgl.1Kor 7,10f).

So erkannten schon die frühen Christen: Gottes Schöpferwille hinsichtlich Ehe ist nicht *absolut* zu halten und durchzuführen. *Matthäus* fügt in das Scheidungsverbot die Klausel ein "außer bei Hurerei (porneía)" (19,9). *Paulus* sieht Scheidung statthaft dann, wenn der gläubige Partner nur durch Trennung seinem Glauben treu bleiben, ihm gemäß leben könne (1Kor 7,12-16). Beide Einschränkungen bzw. Ausnahmen sehen das Verbot des Ehebruchs begrenzt durch das Gebot der Selbsterhaltung, das schon in der jüdischen Tora-Frömmigkeit Geltung beansprucht.

Die frühe Kirche war überzeugt, damit *nicht* gegen die Intention des Schöpfers zu verstoßen. Schon der Wortgebrauch im Mt-Evangelium deutet Interpretationsraum an. Bei Mt gebraucht Jesus drei Mal den griechischen Ausdruck "*chōrein*", feierlich am Ende seiner Ausführung (v 12). Das griechische Wort bedeutet "weichen, Raum geben". Der strenge Schöpferwille zur Ehe macht die Jünger mutlos. Legt man Jesu Antwort konsequent nach der Pharisäer-Frage aus, sind Ehe-Unfähige von Geburt bzw. durch eigenes Zutun grundsätzlich zu verstehen: nicht alle *können* dem Schöpferwillen Raum geben! Daher am Ende der Rat: wer - dem ursprünglichen Schöpferwillen - Raum geben *kann*, möge es tun!

Überfordert also die traditionelle Theologie ehe-willige Christen?

Der normale Mensch von heute reagiert auf sie ähnlich freimütig wie die Jünger: "Wenn es so ist, ist es nicht bekömmlich zu heiraten".[57]

Schwer wiegt auch das erwähnte Problem der Anwendung *makroskopischer* Normen auf menschliche *Mikro*-Bereiche mit individuelleinmaligen Situationen. Dass Gesetze und Normen *statischen* Charakter haben, verschärft die Problematik, denn Lebenswirklichkeit ist *fließend,* und jedes normative Urteil, jede *Fest*stellung kommt unvermeidlich zu spät, kann in mühsamer Spurensuche nur versuchen, der Entwicklung ein wenig *nach*zukommen.

Wohl hat der Schöpfer die Ehe auf Einheit, Treue, Dauer angelegt, "bis der Tod" die Partner "scheidet". So empfindet erfahrungsgemäß die Mehrheit der Menschen. Nicht selten bekunden selbst ´Fernstehende`, mehrere Eheschließungen und Scheidungen hinter sich,

---

57 Wörtlich: "Wenn so die Stellung des Mannes zur Frau ist ..."
  Ihnen erschien damals die Zumutung für den Mann unerträglich. Die gesellschaftlich-rechtliche Aufwertung der Frau macht die Forderung für beide, Mann und Frau, schwer ´verdaulich`

es möge mit der neuesten oder letzten Ehe, die sie eingingen, nun für den Rest der Tage so sein. Auch die junge Generation hat den Wunsch, "das Leben" miteinander zu "teilen", ersehnt Verbindlichkeit, Verlässlichkeit. Doch wird neu zu bedenken sein, was es für Sinn, Zweck und Dauer einer Ehe bedeutet, dass einander angetraute Partner dank moderner Medizin und technischer Lebenserleichterung heute zwei bis drei Mal länger leben - allerdings in einer hektischen, Nerven aufreibenden Umwelt - als ihre christlichen Vorfahren. Der früher erste, ja einzige "Zweck" einer Ehe war die Erzeugung und Aufzucht von Nachkommen. Haben die Partner den biologischen Ehe-Zweck erfüllt, sind sie heutzutage für den meist längsten Abschnitt ihrer Lebenszeit neu auf sich verwiesen. Dabei erleben sie das Beieinander-Bleiben weniger zwingend als in der Eltern-Phase, zumal die alle früheren Rahmen sprengende Emanzipation erwachsener Kinder und die Zwänge einer sich schnell wandelnden Gesellschaft das Symbiose-Modell der früheren Großfamilie zumeist sprengen. Die Aussage-Absicht von Mt 19,6 bliebe auch in diesem Licht neu zu prüfen.[58]

Die Intervention von "Amoris Laetitia"

Hier will das nach-synodale päpstliche Rundschreiben *Amoris Laetitia* (von 2016)[59] helfen. Es gibt theologische und pastorale Anweisungen, die in so eindeutig-folgenreicher Form neu sind:
"Den Hirten obliegt nicht nur die Förderung der christlichen Ehe, sondern auch die ´pastorale Unterscheidung der *Situationen* vieler Menschen, die diese Wirklichkeit nicht mehr leben`" (Nr.293).
"All diese Situationen" (gemeint sind Christen, die ohne staatliche oder kirchliche Eheschließung zusammenleben) "müssen in konstruktiver Weise angegangen werden", ähnlich wie Jesus es vormacht bei der Samariterin: "Er sprach ihre Sehnsucht nach wahrer

---

58 Beachtliche Diskussion dieses Mt-Textes bei *U. Luz,* Das Evangelium nach Matthäus (EKK I/3 Zürich/Düsseldorf - Neukirchen-Vluyn 1997), 100-112.- Die kirchliche Ehelehre sieht als Haupt-Gegner seit je den Laxismus. Ihn bekämpfen nun auch traditionalistische politische Parteien, werten das Schuld-Prinzip gegen das Zerrüttungs-Prinzip wieder auf und das Alleinerziehungsmodell ab.

59 Dt. Übersetzung https://w2.vatican.va/content/francesco/de/apost_exhortations/documents

Liebe an, um sie von allem zu befreien, was ihr Leben verfinsterte, und sie zur vollen Freude des Evangeliums zu führen"(Nr.294).

Theologen, Seelsorger müssten "die Komplexität der verschiedenen Situationen" erwägen; denn Gottes barmherzige Liebe sei "immer unverdient, bedingungslos und gegenleistungsfrei" (Nr.296). Um Christen in "irregulärer" Situation zu weiteren Schritten in Richtung christlicher Berufung zu helfen, sei es nötig, "die göttliche Pädagogik der Gnade in ihrem Leben offen zu legen" (Nr.297). Das gelte auch für Wiederverheiratet Geschiedene in "einer zweiten, im Laufe der Zeit gefestigten Verbindung, mit neuen Kindern, mit erwiesener Treue, großherziger Hingabe, christlichem Engagement, mit dem Bewusstsein der Irregularität der eigenen Situation und großer Schwierigkeit, diese zurückzudrehen, ohne im Gewissen zu spüren, dass man in neue Schuld fällt" (Nr.298).

Für Menschen in vielfältig-komplexen Situationen gebe es keine Patentrezepte. Man müsse sehen, "dass die Konsequenzen oder Wirkungen einer Norm nicht notwendig immer dieselben sein müssen" und dürfe nicht mehr ungeprüft behaupten, "dass alle, die in irgendeiner irregulären Situation leben, sich in einem Zustand der Todsünde befinden und die heilig machende Gnade verloren" hätten (Nr.300-301). Das eigene "Gewissen der Menschen" sei nachhaltig in die Pastoral einzubeziehen (Nr.303). Es wird an *Thomas von Aquin* erinnert: wer von der Klarheit des Allgemeinen auf spezifische Situationen schließt, macht leicht Fehler, weil allgemeine Normen "unmöglich alle Sondersituationen umfassen" (Nr.304).

Das ist auch die Antwort auf die öffentlich geäußerten Zweifel ("Dubia") der vier Kardinäle vom 19. September 2015. Sie hatten angefragt, ob Papst *Franziskus* noch göttliche Normen anerkenne, die ausnahmslos verpflichten (wie das sechste Gebot) und Zuwiderhandelnde - z.B. wiederverheiratet Geschiedene - objektiv in die Situation zuständlicher schwerer Sünde versetzen.

Der Papst antwortete ihnen nicht eigens, hatte er doch in der Enzyklika zu solchen Fragen Stellung bezogen: man kann in Fällen von Scheidung und Wiederverheiratung nicht unbesehen von zuständlicher schwerer Sünde sprechen, die ausnahmslos von den Sakramenten ausschließe; es sei das jeweilige Schicksal, die persönliche Situation gemeinsam mit den Betroffenen zu prüfen, wobei auch ihr persönliches Gewissen zu achten sei.[60] Zudem sollten die Beteiligten, einschließlich Seelsorger, achtsam werden auf Gottes Weg mit diesen Personen und ihrem besonderen Schicksal, achtsam auf die Gnade und Führung, die auf ihren Wegen seit den Brüchen erkennbar würden. Gott achtet den persönlichen Weg von Menschen, auch wenn sie eine wichtige Norm missachteten, sofern sie mit seiner Hilfe hinzulernen und sich mühen, an der nächsten Wegkreuzung den "Vater" neu in den Blick zu nehmen.

Ein Sachgrund, der aus den früheren Überlegungen hier zu erinnern ist, liegt darin, dass jede einzelne Ehe einen Mikrobereich in der fließenden Welt-Wirklichkeit bildet, der, wenn der urteilende Moraltheologe oder Beichtvater sich den "Fall" vornimmt, sich durch weitere Einflüsse und Bedingungen bereits zu wandeln begonnen hat, mithin für das Auge aus der Distanz des Allgemeinen unscharf geworden ist, weil Umstände, neue Gesichtspunkte, Lebensbedingungen und (mit) beteiligte Personen ihn fortlaufend verändern. Auch der Motiv-Komplex kann sich chamäleon-haft veränderlich darstellen. Ein über eine erste Näherung hinausgehendes, sicheres, auch die Zukunft einbeziehendes Urteil über die Gottesbeziehung der Beteiligten erscheint schlicht unmöglich.

In der Enzyklika "Amoris Laetitia" wird ein neuer Geist spürbar, der auf Existential-Ethik, nicht nur auf Wesens-Ethik setzt. Ein spirituell-pastoraler Aufbruch, den die Kirche Christi nicht kleinmütig wieder verlieren sollte.

Schon wenige Jahre nach dem Konzil hatte *Karl Rahner* [61] prophetisch gemahnt, die Kirche dürfe modernen Menschen nicht nur schlichte Normen aus vor-komplexen Zeiten verkünden, sondern müsse vor allem die Gewissen bilden – nicht kasuistisch, sondern durch Einführung der Christen in die "Logik der existenziellen

---

60 Vgl. auch *E. Schockenhoff*, Völlig unzweideutig, in: Konradsblatt Nr.47/2017, S.23. Das "Glaubensmanifest" von Kardinal *G. Müller* vom 9.2.2019 ignoriert die Enzyklika AL u. behauptet generell, wiederverheiratet Geschiedene könnten prinzipiell "die hl. Eucharistie nicht fruchtbar empfangen". Die Erwiderung von Kardinal *W. Kasper* tags darauf moniert, dass der von *Müller* zitierte Katechismus der Kath. Kirche (Nr. 1457) diese Folgerung *nicht enthält*.

61 Moral ohne Moralisieren, in: Strukturwandel der Kirche. So ergänzt Rahner die aus dem Konzil von Trient (s. Anm. 28) oft unkritisch gezogene Folgerung, Glaube und Gebet würden den Lebensgang von Christen in überschaubarer Ordnung halten,

Entscheidung", ohne Angst vor mancher Ratlosigkeit oder ungelöster Sachproblematik. Die Menschen seien zu ermutigen, "sich in einem heiligen ´Agnostizismus` der Kapitulation vor Gott hoffend und liebend diesem unbegreiflichen Gott" zu übergeben, "der niemals dafür die Garantie übernommen hat, dass ... alle Rechnungen unseres Lebens glatt aufgehen".

IV. VON TOD UND LEBEN
Aktuelle Aspekte des Theodizee-Problems

Viele Menschen können sich schwer abfinden mit der vielfach zu beobachtenden Mitleidlosigkeit, ja Grausamkeit, die in der Welt anzutreffen ist, mit Tod und Tötung, die sie mit einem gütigen Gott kaum vereinbaren können.

Da vergisst man leicht, dass der Tod im NT ein Hauptthema ist. Der Apostel Paulus spricht viel von ihm: der Tod sei der "letzte Feind, der entmachtet wird" (1Kor 15,26). Die gesamte Bibel erklärt den bitteren Tod der Menschen mit deren "Sünde", d.h. damit, dass sie Gottes Lebensangebot nicht erkennen. Die Frohe Botschaft gipfelt nach allen Evangelien in Jesu Ankündigung an die Jünger, er werde getötet werden, und sie endet in Jesu schrecklicher Leidens- und Sterbe-Geschichte.

Die Macht des Todes, ja das "Gesetz des Todes" (Röm 8,2) ist Paulus und seinen Gemeinden tief bewusst. Der Apostel wie auch die Evangelisten erläutern ihre Frohe Botschaft gerade vor dem Hintergrund des Todes. Für sie alle ist der Tod "der letzte Feind". Man soll die Frohe Botschaft verstehen geradezu als Abrechnung mit dem Tod.

Doch erspart diese Frohe Botschaft das Sterben, den physischen Tod nicht: weder Jesus noch denen, die durch ihn an Gott glauben.

Eben diese Tatsache bringt moderne Menschen auf. Sie haben die Mentalität von "Machern" erworben: "Unmögliches wird sofort erledigt, Wunder dauern etwas länger" - ironisch überspitzt und doch ernst gemeint: Ein sich als Transhumanismus bezeichnender Forschungszweig will Mittel und Wege finden, den Tod als letzte, nicht überwundene Krankheit auszurotten.

Diese Einstellung fragt: Hätte Gott, wenn er ein wirklicher "Könner" wäre, den Tod nicht wegnehmen, überwinden, ja aus der Schöpfung aussparen können, ja müssen?

Fragen wir einmal unsere Lebenserfahrung.

Für Kinder und Jugendliche ist alles neu, spannend, aufregend, die Welt ein Abenteuer und das Leben ein sich fortsetzendes Experiment.

Kommt ein Mensch in das gesetzte Alter, hat er das Gefühl, durchzublicken, das Leben zu kennen. Die immer noch auftretenden Überraschungen, die das Leben bereithält, können ihn noch immer erfreuen, aber auch stören.

Das aufregende Leben regt ihn allmählich auf. Das Leben soll ruhig fließen, soweit man sehen kann, "vor Überraschungen sicher" sein. Man ist ja kein Kind mehr.

Das Erreichte, aber auch das wohltuend Neue, das noch kommt, fühlt sich ungeahnt kostbar an: es ist, könnte aber auch nicht sein, ist glückhaft, aber nicht notwendig, kostbar, weil endlich, vergänglich, daher geschenkt.

Menschen lernen den wahren Wert des Erreichten, ihnen Geschenkten erst schätzen, wenn sie verstehen, dass alles, wie sie selbst, vergänglich ist. Etwas ist ihnen wertvoll, also voller Wert, weil es Wertloses gibt, Dinge, die ihren Wert verlieren, weil jeder Wert vergänglich, das heißt: dem Tod ausgesetzt ist.

Nicht zuletzt wird der Wert eines Menschen von Zeitgenossen häufig erst ganz erfasst, wenn er todkrank wird, stirbt oder gestorben ist.

Ohne den Tod als Aussicht und Realität hätte man eine Persönlichkeit und ihren Wert gar nicht kennen, nicht schätzen gelernt. "Er fehlt", sagen die Trauernden von einem Menschen und spüren jetzt erst seinen vollen, *einmaligen* Wert.

Mit anderen Worten: Unsere Welt ist so schön, wie sie ist, *weil sie vergänglich ist*!

Sie ist aber auch betrüblich, stimmt traurig, weil der Tod ihr Gesetz ist und den *Survival of the fittest* selektiert.

Die Evolutionswissenschaft macht uns heute freilich klar, dass Werden und Vergehen, dass dieses Tausch-Grundgesetz der Evolution überall im Kosmos gilt, sodass es auf dieser Erde die Lebewesen, schließlich die Menschen erst möglich macht und hervorbringt.

Der Schöpfer wird Christen heute als ein *evolutiv schaffender* Gott verständlich gemacht: eine gewöhnungsbedürftige Sicht.

Als solcher lässt er an den "verborgenen Gott" denken, wie *Martin Luther* den von uns quasi abgewandten Schöpfer des Weltalls nennt.

Machen wir uns hier etwas klar, das grundsätzlich für die gesamte Schöpfung gilt.

Das den Geschöpfen mitgeteilte Sein, ihre Realität, ist *notwendig endlich*: es *ist*, doch verzehrt es sich und endet.

Hinzu kommt der *evolutive* Aspekt: *im Kosmos* - für uns anschaulich auf dem Planeten Erde - wurde und wird *Sich Entwickelndes*, auch immer wieder *Neues* erkennbar: dieses entsteht jeweils aus Bausteinen einer früheren Form, beginnend mit dem Aufbau der

Elemente in Sternen; deren Tod durch Ausbrennen liefert die Bausteine für neue Sterne, für Planeten, schließlich für Formen des Lebens.

Die Entwicklung treibt allmählich komplexere Formen bis zu den Lebewesen hervor, ein Prozess der "complexification" auf der Erde, im Weltall, den schon der berühmte Paläontologe *Teilhard de Chardin* sichtete (ob der Prozess final zu einer "christification" der Erde, gar des Universums führt, wie *Teilhard* glaubt, sei offen gelassen).

Bereits der frühgriechische Denker *Anaximandros* erkannte intuitiv: von allen Dingen entstehen die einen aus den anderen und lösen sich schließlich wieder auf in die anderen: so leisten sie "Buße" für das einander angetane Unrecht (dass sie nämlich einander das Sein, das Leben rauben, um selber entstehen oder sein zu können.

Der *evolutive* Kosmos in seiner *eigenständigen* Dynamik und Wirkkraft geht mit *naturgesetzlicher Notwendigkeit* seinen Gang: *zerstört, um wieder Neues aufzubauen*, das es vorher nicht gab, das nicht sein konnte.

Man findet es erschreckend zu sehen, wie die Tierwelt, auch Menschen unaufhörlich von fremdem Leben, von anderen Lebewesen zehren, die ihr Leben lassen müssen, damit stärkere oder höher entwickelte Lebewesen (wie auch wir Menschen) weiter leben, länger leben.

Dass Lebewesen leiden (freilich *zeitlich begrenzt* leiden), auch aneinander leiden, ist gar nicht vermeidbar, weil die Gesamt-Energie der Erde (wie auch die des Kosmos) jederzeit begrenzt ist. Wir alle leben unvermeidlich auch vom Leben und vom Leiden anderer, auch von deren Tod (unbemerkt auch vom Tod zahlloser Kleinst-Lebewesen). Jedes Lebewesen ist unvermeidlich auch Energie-Träger und Lieferant von Leben. Alle und alles leben und existieren von einander, aus anderer Lebenskraft.

Hier stoßen wir auf eine naturgesetzliche, ja geschöpfliche Notwendigkeit vor der Endlichkeit des Kosmos, zumal unseres Lebensraumes.

Dies gilt, um ein aktuelles Problem zu berühren, auch für Dasein und Wirken von Viren, die Erkrankung und Tod bei befallenen Menschen hervorrufen können. Die Ansprüche der Menschen auf ein ruhiges, sorgenfreies Leben werden vom Schöpfer nicht erhört - um der Schöpfung willen.

Das Auftreten bedrohlicher Viren ist kein Betriebsunfall in der Schöpfung, es ereignet sich vielmehr im Rahmen der sich unaufhörlich entwickelnden Lebenswelt der Erde. Auch wenn der Mensch sie nicht vorsieht, entstehen und verbreiten sich Viren im Rahmen der Vorsehung des Schöpfers, dessen Schöpfung samt aller Geschöpfe nicht stillsteht, sondern sich unaufhörlich entwickelt und auszeitigt.

Die Vorsehung wirkt sich vor allem aus als Entwicklung, darin aber auch im Spiel der Möglichkeiten einschließlich der Zufälle.

Krank machende Viren mögen als Störung empfunden werden, tragen aber vermutlich eher nach Art von *puzzles* zum Aufbau eines neuen Zustandes oder einer neuen Lebensform der Schöpfung bei, bringen, vielleicht indirekt, die Schöpfung einen Schritt weiter. Das sogenannte Negative ist ja erfahrungsgemäß fast stets Aspekt eines Positiven, das unterwegs ist.

In der sich entwickelnden Schöpfung ist der Tod nichts bloß Negatives, sondern quasi das Haus der Evolution. In ihr aber prägt sich des Schöpfers *kreatives Prinzip* aus.

Dass Menschen *mehr* sind als Test-Produkte der Evolution, sagt uns die Frohe Botschaft. Sie bindet diese Botschaft indes an die Einhaltung von Normen, die nicht bloß Barrieren sind, sondern Leben erhaltende, zu Leben führende Wege..

Gottes Vorsehung lehrt Menschen seit jeher, diese Gesetze als Lebensgesetze zu erkennen und anzuwenden (Gen 2,17; Apg 2,28; Dtn 30,15-20), achtet aber auch die freie Entscheidung samt Konsequenzen. Die Schöpfung ist nicht als Laufstall angelegt, vielmehr als Unternehmen und Abenteuer für mündige (*Immanuel Kant*), problembewusste Mitarbeiter (Gen 1,26-30).

Dabei erkennt sich die Menschheit mehr und mehr auch als Schicksalsgemeinschaft. Die Ordnung der Natur gilt für alle, nicht für einzelne. Naturkatastrophen sind heute indirekt oft *Menschen*werk, seltener Folgen aus der sich gesetzmäßig bewegenden und entwickelnden Schöpfung selbst.

Auf den ersten Blick mag es schockieren, wenn wir darauf hinweisen, dass auch die Ethik, die Realisierung ethischer Normen nicht zuletzt vom Energie-Haushalt abhängt. Die zynisch klingende Rede "Wieviel Moral können wir uns leisten?" kommt nicht von ungefähr.

Ihr Einsatz wird wohl im konkreten Fall häufig stillschweigend berechnet. Manche elitär denkende Zeitgenossen rümpfen die Nase über die "Lohnmoral" des Christentums. Realistisch gesehen ist der Mensch arm an Kraft und Energie (bloß "Fleisch", wie die Bibel sagt). Die Verheißung ewigen Lebens (Mt 25,31-40) versteht sich in diesem Weltall als realistischer Ausgleich für das Teilen endlicher Güter mit Ärmeren und Armen.

Ein Philosoph dieser Zeit (*Holm Tetens*) vertritt zusätzlich die Auffassung, der Schöpfer, weil er will, dass seine Schöpfung "gut" werde, setze mit dem individuellen Tod jedes Menschen absichtlich eine Zäsur, um dem Bösen individuell und allgemein Einhalt zu gebieten: zur Rettung der Welt wie auch der einzelnen Person.

Die Alternative aber zu diesem endlichen Universum - ein *un*begrenztes, *un*endliches Universum - heißt Gott, wäre bzw. ist Gott..

Wenden wir uns nach diesen Gedanken über die evolutiv geprägte Schöpfung den Folgerungen für den Glauben an Gott zu.

Martin Luther beschäftigt die Frage nach Gott sein Leben lang. Im Gespräch mit *Erasmus von Rotterdam* über den freien Willen entwickelt er seine Gedanken vom *Deus absconditus,* vom "verborgenen Gott".

Weniger philosophische Überlegungen als *biblische* Aussagen (v.a. Ez 18,23.32; 33,10ff., sowie Ex 20,6; Mt 11,28 u.a.) wurden ihm zu Erkenntnisquellen. Sie sagen ihm: Gott will nicht den Tod des Sünders, aber er lässt ihn zu (oder: lässt den Tod 'laufen'), wenn der Sünder Gottes Lebensangebot nicht will: dann lässt Er ihn sterben, überlässt ihn dem Tod (das kann, je nachdem, der *zeitliche* oder der *ewige* Tod sein).

Man müsse aber, meint *Luther,* den verkündeten (oder "gepredigten") Gott von dem "in seiner Majestät verborgenen" Gott unterscheiden. Nur der verkündete Gott gehe die Christen an. Der *in seiner Majestät verborgene* Gott "wirkt Leben, Tod und alles in allem. Denn da hat er sich nicht durch sein Wort in Grenzen eingeschlossen, sondern hat die Freiheit seiner selbst über alles behalten". Heißt: "der in seiner Majestät verborgene Gott beklagt weder den Tod, noch hebt er ihn auf".

Luther spricht hier offenkundig *unterscheidend* vom *Schöpfer* bzw. von Gott, insofern wir ihn als *Schöpfer* erfassen und erleben.

Gott zeigt ein anderes, menschenfreundliches Gesicht, wo er sich Menschen heilend zuwendet

Der Schöpfer in der Bibel (vgl. Gen 1+2) trägt schon die Züge des Bundesgottes JHWH Elohim, Israel und den Völkern zugewandt.

Doch in Röm 1,19-21 handelt *Paulus* offenkundig nur vom *Schöpfer-Gott*, der schon vor seiner offenbarenden Selbstmitteilung allen Menschen *aus seinen Werken erkennbar* sei. Die Begegnung mit der antiken Philosophie hatte damalige Juden überzeugt, dass auch "die Heiden" zur Erkenntnis des einzigen Gottes gekommen waren, in ihrer oft unsittlichen Lebenspraxis jedoch nachwievor der Vielgötterei huldigten (so die Bilanz der Paulus-Forscher *Theißen - von Gemünden*).

Aber die Unterscheidung zwischen *Gott Schöpfer* und *Gott des Heils* führt nicht zwei Götter ein, sondern macht aufmerksam auf Gottes *Freiheit*, sich Israel, dann den Völkern heilend-rettend in einem besonderen Entschluss, einem *Heils*-Beschluss zuzuwenden. Deshalb haben wir es seit der biblischen Gottesoffenbarung mit einer *zweifachen*, unterschiedlichen Gottes-*Erkenntnis* zu tun.

Ein gründlicher Denker wie *Thomas von Aquin* (obwohl ohne Kenntnis neuzeitlicher Naturwissenschaft) anerkennt in seiner *Summa contra gentiles* ausdrücklich: *notwendiges* Geschehen ohne menschliche Eingriffsmöglichkeit - zB Vergehen, Leiden, Tod, Zerstörung des alten *für* neues, vielfältiges Leben - ist Teilaspekt der *Schöpfung,* widerspricht nicht der Güte der Schöpfung, vielmehr bildet es etwas von Gott selber ab: den *unbedingten Willen zum Leben*, der das Universum durchzieht. In seiner Schöpfung von kosmischem Ausmaß handelt Gott seit je aus seinem Willen zum Wunder des Lebens - über die Köpfe der Geschöpfe hinweg.

Schöpfung *nicht*-göttlicher Dinge und Wesen ist notwendig *endlich,* enthält *unvermeidlich* den *Tod*. Des Schöpfers unbedingter Wille zum Leben *zeigt sich* darin, dass er den Tod, das Ende der einen zum Gehäuse für neues Leben, neue Formen *werden lässt.*

Thomas hebt den besonderen *Schöpfer*-Aspekt des biblischen Gottes heraus, wo *Luther* nur andeutend, aber bibelnäher (siehe *Hiob* und die *Propheten*) vom *verborgenen* Gott redet.

Die naturgesetzliche Notwendigkeit, deren majestätische (aber schon zur *Vergangenheit* gehörende) Vielfalt und Lichterglanz wir im Kosmos *heute* schauen (deren Licht Tausende, ja Millionen Jahre zu uns unterwegs war), lässt, wo wir dahinter den Schöpfer erkennen, ihn uns *furchtbar groß* erscheinen und *todernst* nehmen. Kein Wunder, dass manche den *Zufall* als Schöpfer bemühen.

Ist man aber heute auch nur ein wenig mit den Gesetzen von Materie und Evolution vertraut, sind Fragen wie "Hätte Gott nicht ein friedliches, ein liebevolles Universum schaffen können?", "Hätte er uns Menschen nicht das Sterbenmüssen ersparen können?" u.ä. im Grunde nur so beantwortbar: Gott hätte es gekonnt, wenn er auf seine notwendigerweise endliche Schöpfung ganz verzichtet hätte - *un*endliches Leben ist nur Er selbst -, unterlassen hätte also auch die Erschaffung von Menschen.

Hätte er ein besseres Universum erschaffen können? Für solche Art neuzeitliches Fragen fehlt der Vergleich: Wir kennen nur dieses Universum, können ein "besseres" nicht einmal ansatzweise vorstellen (es sei denn als Schlaraffenland und ewigen Urlaub in endloser Langeweile, da nichts mehr ´passiert`).

Leiden und Tod gehören wesentlich zu diesem Universum. Fehlten Leiden und Tod, hätte es gar nicht entstehen können und würde es uns Menschen nicht geben (Fazit aus den Gesetzen und Notwendigkeiten der Evolution). Dass auf einem Planeten wie der Erde die Lebewesen zugleich Jäger und Gejagte (Beute) sind, kennzeichnet den begrenzten Vorrat an Sein und Leben, wie er das endliche Weltall ermöglicht *und* begrenzt.

Statt zu spekulieren, ob Gott (wie jüdischer Chassidismus meint) zur Ermöglichung seiner Schöpfung sich selbst begrenzt ("Zimzum"), d.h. auf Freiheit verzichtet, sollten sich unsere Augen auf die verschwenderische Liebe zum Sein und zum Leben richten, wie sie auf der Erde wie im Kosmos sichtbar und spürbar wird, mit dem offensichtlich wirksamen Wunsch, so viele Wesen wie möglich mit Dasein und Leben zu begnaden, freilich um den Preis der Vergänglichkeit, wie es Geschöpfen naturgemäß nicht anders ansteht.

Der *biblische* Gott macht sich gerade auch als *Schöpfer dieses* Universums indirekt kenntlich, wo der "Sohn" sein "Fleisch" zu essen anbietet "für das Leben der Welt" (Joh 6,51-58).

Früh erkannten die Christen die *himmlische* Herkunft dieses Jesus: "Das Gott-gleich-sein presste er nicht als (seine) Beute an sich" (Phil 2,6).

In und durch seinen "Sohn" liefert der "Vater" seine eigene Theodizee (Sinn und Überwindung des Leidens) gleich mit. Im "Sohn" zeigt der Schöpfer des Kosmos sein wahres, menschenfreundliches Gesicht.

Mit diesem Angebot - dem "Sohn" - sind Leiden und Tod, als Gesetze dieser Welt, gleichsam heiliggesprochen.

Verheißungen wie die von einem "neuen Himmel", einer" neuen Erde" übersteigen jede konkrete Vorstellung, fußen allein auf der Erfahrung des "auferweckten" (also lebendigen) Christus.

Positiv beruft sich die Verheißung von "neuem Himmel, neuer Erde" darauf, dass Gott als unvergängliche Mitte der Menschen in Erscheinung tritt (vgl. Apk 21,1-8).

In einem späten Aufsatz "Fragen zur Unbegreiflichkeit Gottes nach Thomas von Aquin" (Schriften zur Theologie XII) macht *Karl Rahner* deutlich: Gottes Unbegreiflichkeit meint nichts Negatives, sondern geradezu die Essenz der ewigen Seligkeit (der seligmachenden Schau).

Die ungeheuerliche Großartigkeit des Kosmos und seine letzte *Unbegreiflichkeit* kulminieren quasi in der Epiphanie des Jesus Christus.

Daher sei es der Höhepunkt unseres individuellen Sterbens (betont *Rahner* mehrfach), *sich in Gottes Unbegreiflichkeit fallen zu lassen,* von der ein basales Vor-Verständnis, wenigstens eine Ahnung uns in Jesus Christus geschenkt wird.

Damit haben Erwachsene große Schwierigkeiten, im Unterschied zu einem Kind, das sich der Unverständlichkeit der Welt unbefangen und arglos nähert. Darum stellt Jesus den Jüngern ein Kind als Vorbild vor Augen (vgl. Mt 18).

Schmerzliche Erfahrungen haben Erwachsene misstrauisch gemacht.

Ein Kind durchschaut die ihm weithin unbekannte Welt nicht, in die es gestellt ist, öffnet sich aber dem Leben arglos und lässt es an sich geschehen, wo immer es bei seiner Ankunft die Welt freundlich erlebte. .

In ähnlicher Weise ist der Erwachsene gerufen, dem Dunkel der letztlich unbegreiflichen Welt, dem in ihr verhüllten Gott sich in Leben und Sterben zu öffnen. Sich in den unbegreiflich wunderbaren Gott wie ein Kind trauend und treu fallen zu lassen. Ist nicht auch ihm - durch alle Leiden hindurch - das "Gott-Geheimnis der Welt" (*Erich Przywara*) freundlich begegnet?

Das Gesetz des Lebens und Liebens, das - hier andeutend, dort ausgeprägt - die Entwicklung des Kosmos auf allen Stufen durchzieht: Pro-Existenz, Miteinander-Teilen, Brot füreinander, Brot für die Welt, Hin-Gabe, Hilfe zum Sein und zum Leben, Beistand für Ärmere und Jüngere:

In diesem Lebens- und Liebesgesetz der Welt offenbart sich ein Wesenszug Gottes. Wir durchschauen ihn nicht, doch verspüren wir seine Dynamik und Anziehungskraft. Seine Unangreifbarkeit seitens Vergänglichkeit und Tod, ja seine Überlegenheit über die kosmischen Mächte schauen die Jünger in dem Gekreuzigten, dessen tödliche Wunden zu seinen Siegeszeichen werden.

LITERATURHINWEISE

Alphonso, H., Die Persönliche Berufung (Münsterschwarzach 1993)

Arnold, F.X., / Rahner, K., Handbuch der Pastoraltheologie II/1 (Freiburg-Basel-Wien 1966)

Benedikt XVI., Jesus von Nazareth I (Freiburg-Basel-Wien 2007)

Böckle, F., Grundbegriffe der Moral (Aschaffenburg 1966)

Boman, Th., Das hebräische Denken im Vergleich mit dem griechischen (dt. Göttingen ⁵ 1968)

Bremond, H., La métaphysique des Saints, dt. Das wesentliche Gebet (Regensburg 1936)

Coreth/Ernst/Tiefensee (Hg), Von Gott reden in säkularer Gesellschaft - Festsch. K. Feiereis (Leipzig 1996)

Dutt, C., H.-G. Gadamer im Gespräch (Heidelberg ² 1995)

Eliade, M., Kosmos und Geschichte (Frankfurt/M. - Leipzig 1994)

Fischer, K., Gotteserfahrung. Mystagogie in der Theologie K.Rahners u. in der Theologie der Befreiung (Mainz 1986)

ders., Schicksal in Theologie und Philosophie (Darmstadt 2008)

Fischer, K./Hübner, S., Gott als Geheimnis des Menschen – Annäherungen an K. Rahner (Wiesmoor 2015)

Frankl, V., Der Mensch auf der Suche nach Sinn (Freiburg-Basel-Wien ² 1973)

ders., ., Der unbewusste Gott. Psychotherapie u. Religion (München 1974)

ders.,, ... trotzdem Ja zum Leben sagen" (München ¹³ 1995)

Fries, A., Albertus Magnus - Ausgew. Texte Lat/Dt. (Darmstadt ² 1987)

Gadamer, H.-G., Wahrheit und Methode – Grundzüge einer philosophischen Hermeneutik (Tübingen ⁶1990)

Görres, A., An den Grenzen der Psychoanalyse (München 1968)

Greshake, G., Gottes Willen tun - Gehorsam u. geistliche Unterscheidung (Freiburg-Basel-Wien 1984)

Gründel, J., Wandelbares und Unwandelbares in der Moraltheologie (Düsseldorf 1967)

Guardini, R., Welt und Person (Würzburg 1950)

Guardini, R., Die Annahme seiner selbst (Würzburg ³ 1962).

Häring, B., Ausweglos? Zur Pastoral bei Scheidung u. Wiederverheiratung (Freiburg-Basel-Wien 1989)

Härle, W., Dogmatik (Berlin-New York ²2000)

Herzgsell, J., K. Rahners Theologie der Freiheit (Rahner Lectures 2018,K. Rahner Archiv München)

Jaspers, K., Der philosophische Glaube angesichts der Offenbarung (München 1963)

Jone, H., Kath.Moraltheologie auf das Leben angewandt (Paderborn ¹⁸ 1961)

Knauer, P., Handlungsnetze - Über das Grundprinzip der Ethik (Frankfurt/M. 2002)

Kreiner, A., Gott und das Leid (Paderborn 1994)

ders.,, Gott im Leid – Zur Stichhaltigkeit der Theodizee-Argumente (Freiburg-Basel-Wien ²2005)

Krüger, G., Die Herkunft des philosophischen Selbstbewusstseins (Darmstadt 1962)

ders., Grundfragen der Philosophie (Frankfurt/M. ² 1965)

Küng, H., Credo. Das Apostolische Glaubensbekenntnis – Zeitgenossen erklärt (München 1992)

Küng, H., Erkämpfte Freiheit - Erinnerungen (München-Zürich 2002)

Leppin, V., Martin Luther - Vom Mönch zum Feind des Papstes (Darmstadt 2013)

Lévinas, E., De Dieu qui vient à l`idée (Paris [3]1998)

Martin, G., Einleitung in die allgemeine Metaphysik (Stuttgart 1980)

Mausbach J./Ermecke, G., Katholische Moraltheologie I (Münster 1954)

Messner, J., Ethik (Innsbruck-Wien-München 1955)

Müller, M., Erfahrung und Geschichte (Freiburg/Br. 1971)

Newman, J.H., Entwurf einer Zustimmungslehre (dt. Mainz 1961)

Pannenberg, W., Systematische Theologie II (Göttingen 1991)

Pieper, J., Über den Begriff der Sünde (München 1977)

Rahner, K., Das Dynamische in der Kirche (Freiburg/Br. 1958)

ders., Von der Not und dem Segen des Gebetes (Freiburg [2]1959)

ders., Hörer des Wortes [HW] (München [2]1963)

ders., Betrachtungen zum ignatianischen Exerzitienbuch (München 1965)

ders., Chancen des Glaubens (Freiburg/Br. 1971)

ders., Zur Theologie der Zukunft (dtv München 1971)

ders., Strukturwandel der Kirche als Aufgabe u. Chance (Freiburg-Basel-Wien 1972)

ders., Vorwort zu *C. Albrecht,* Das mystische Wort (Mainz 1974)

ders., Wagnis des Christen - Geistliche Texte (Freiburg-Basel-Wien 1974)

ders., Weger, K.H., Was sollen wir noch glauben? (Freiburg-Basel-Wien 1979)

ders., Schriften zur Theologie III (Zürich-Einsiedeln-Köln 1961)

ders., Schriften zur Theologie V (Einsiedeln-Zürich-Köln 1962),

ders., Schriften zur Theologie VI (Einsiedeln-Zürich-Köln 1965)

ders., Schriften zur Theologie XIV (Zürich-Einsiedeln-Köln 1980)

ders., Rede des Ignatius an einen Jesuiten von heute: Schriften zur Theologie XV (Zürich-Eins.-Köln 1983)

ders., Letzte Worte. Sonderdr. „The Universe" (England / Karwoche 1984)

Ratzinger, J., Einführung in das Christentum (dtv München 1971)

de Sales, F., Traité de l`amour de Dieu (Paris [4]1992)

Scheler, M., Die Stellung des Menschen im Kosmos (München 1947)

Wolff, H.W., Anthropologie des AT (München [5] 1990)

Zum Autor

Klaus P. Fischer, geb. 1941 in Stuttgart, studierte Klassische Philologie, Philosophie und Theologie in Tübingen, Innsbruck, Paris und Frankfurt/M. Theologische Promotion am Institut Catholique de Paris bei Henri Bouillard SJ über die Anthropologie Karl Rahners ("Der Mensch als Geheimnis"). Mitglied des Oratoriums des hl. Philipp Neri in Heidelberg.

Langjährige Tätigkeit in Pastoral, Religionspädagogik, Klinik-Seelsorge, Erwachsenenbildung, Kirchl. Rundfunkarbeit u.a.m. Diverse Veröffentlichungen zu Themen des Glaubens und christlicher Welt-Anschauung, wie *Gott und Teufel, Gott und Schicksal, Schöpfung – Naturwissenschaft, Tod und Auferstehung, Eucharistie und Abendmahl, Mensch – Gott – Kirche, u.a.m.* Lehrbeauftragter für Katholische Theologie an der Evangelisch-Theologischen Fakultät der Universität Heidelberg.

Siegfried Hübner / Klaus P. Fischer

GOTT ALS
GEHEIMNIS
DES
MENSCHEN

Annäherungen an Karl Rahner

Zwei Schüler aus Karl Rahners Innsbrucker Zeit legen hier einige ihrer Studien über Aspekte seiner Theologie - im Laufe vieler Jahre verstreut veröffentlicht und heute schwer greifbar - gesammelt in einem Band vor. Sie werden unverändert und ungekürzt dargeboten, sie spiegeln so jeweils auch die Zeit der Kirche.

Die Beiträge verlangen manche "Anstrengungen des Begriffs", bieten aber auch jene Hilfen im Glauben und zum Glauben, wie sie ein Kernanligen Karl Rahners war.

Gott als Geheimnis des Menschen

Annäherungen an Karl Rahner

Siegfried Hübner / Klaus P- Fischer

280 Seiten (Hardcover), € 29,90

ISBN-13: 9783755701231

DER MENSCH VOR
DEM DUNKLEN
GOTT

TOD UND
AUERSTEHUNG
DES GLAUBENS

Klaus P. Fischer

Dass es noch Menschen gibt, die an Gott glauben, ist für viele Leute ein Rätsel. Die Härte und Gleichgültigkeit der Welt, erschreckende Schicksalsschläge verdunkeln das Gottesbild. Nicht selten aber gestehen selbst Prominente ein, sie würden gern glauben, könnten es aber nicht. Vielen fehlt der Zugang zum Gott der Bibel. Die vorliegende Schrift möchte nachdenklichen Lesern einen Zugang eröffnen.

Der Mensch vor dem dunklen Gott

Tod und Auferstehung des Glaubens

von Klaus P. Fischer

92 Seiten, € 12,90

ISBN-13: 9783754352922